Otto Kusenberg

Geschichte des Rheinischen Ulanen-Regiments

Otto Kusenberg

Geschichte des Rheinischen Ulanen-Regiments

ISBN/EAN: 9783743652705

Hergestellt in Europa, USA, Kanada, Australien, Japan

Cover: Foto ©ninafisch / pixelio.de

Weitere Bücher finden Sie auf **www.hansebooks.com**

Geschichte
des
Rheinischen
Ulanen-Regiments Nr. 7.
1815—1890.

Auf Befehl des Regimentskommandeurs

zusammengestellt

von

Kusenberg,
Sekondlieutenant im Regiment.

Mit Bildnissen, Uniformbildern und Karten.

Berlin 1890.
Ernst Siegfried Mittler und Sohn
Königliche Hofbuchhandlung
Kochstraße 68—70.

Dem erhabenen Chef

Sr. Königlichen Hoheit dem General-Obersten der Kavallerie

Friedrich Großherzog von Baden

in unterthänigster Ehrfurcht gewidmet

vom

Verfasser.

Inhalts-Verzeichniß.

Erster Abschnitt.
Die Entstehung des Regiments 1815—1820 . . . . Seite 1

Zweiter Abschnitt.
Die Garnison Bonn 23

Dritter Abschnitt.
Von Bonn nach Saarbrücken 34

Vierter Abschnitt.
1866 42

Fünfter Abschnitt.
Beginn des Feldzuges 1870/71. — Die Tage von Saarbrücken . . . 65

Sechster Abschnitt.
Vor Metz 83

Siebenter Abschnitt.
Bis zum Frieden 101

Achter Abschnitt.
Saaraufwärts 135

Abbildungen, Karten.

1) Bildniß Sr. Majestät des Kaisers und Königs.
2) Bildniß Sr. Königlichen Hoheit des Großherzogs von Baden, nach einer Original-Aufnahme von Schulz & Suck in Karlsruhe.
3) Uniformbilder: die Uniformen der Stammtruppen darstellend.
4)   "   die gegenwärtigen Uniformen darstellend.
5) Marschkarte.
6) Plan der Umgebung von Saarbrücken.
7) Plan der Umgebung von Metz.

Erster Abschnitt.
Die Entstehung des Regiments.
1815 bis 1820.

Das Rheinische Ulanen-Regiment Nr. 7 wurde am 25. März 1815 auf Grund nachstehender Allerhöchster Kabinets-Ordre gebildet:

Ich übersende Ihnen anliegend eine Uebersicht, wie Ich die seit dem Jahre 1813 errichteten und in Zukunft noch zu formirenden Infanterie- und Kavallerie-Regimenter nach der Stammnummer geordnet habe, und bestimme dabei, daß diese Regimenter von nun an und bis zu anderweiter Bestimmung bloß nach ihrer Stammnummer genannt werden sollen, welches Sie also den Behörden werden bekannt machen lassen....

Das aus sächsischen Truppen und der Hellwigschen Kavallerie zu formirende Ulanen-Regiment erhält die Stammnummer 7.

Wien, den 25. März 1815.

(gez.) Friedrich Wilhelm.

An
den Kriegsminister v. Boyen.

Die Entstehung des Hellwigschen Korps führt uns zwei Jahre zurück, in die Zeit, da der König zum ersten Male sein Volk und sein Kriegsheer aufrief zur Befreiung von der Fremdherrschaft. Major v. Hellwig war damals Eskadronchef im 2. Schlesischen Husaren-Regiment, doch schien ihm jetzt schon seine militärische Vergangenheit eine andere Thätigkeit für den Feldzug zuzuweisen, als die Führung seiner Schwadron im Regimentsverbande.

1790 im Alter von 15 Jahren als Junker in das Husaren-Regiment v. Plötz eingetreten, hatte Hellwig in der Rhein-Campagne die Gefechte von Valmy und Verdun mitgemacht und sich 1794 bei Rommweiler besonders ausgezeichnet. Mit 50 Husaren attackirte er hier 80 französische Chasseurs so glücklich, daß er sie alle zu Gefangenen machte. Gleichwohl wurde Hellwig erst 1798 zum Sekondlieutenant befördert, und als solchen finden wir ihn auch noch während des Unglücksjahres 1806, in welchem eine glänzende Waffenthat seinen König auf ihn aufmerksam machte.

Die Schlacht von Jena war geschlagen, das preußische Heer aufgelöst, Tausende von Kriegern waren in Gefangenschaft gerathen. Hellwig, der mit 50 Husaren von seinem Regiment entsandt worden, hatte dieses natürlich nicht wiederfinden können. Drei Tage nach der Schlacht befand er sich in der Nähe von Eisenach, als er plötzlich gewahrte, wie 10 000 kriegsgefangene Kameraden gegen die Stadt herangeführt wurden. Ein Gehölz verbarg ihn den Augen des Begleitkommandos bis zum entscheidenden Augenblick. Der Angriff gelang aufs Glänzendste, die gesammten 10 000 wurden befreit.

Seine Majestät ernannten Hellwig darauf sofort zum Estandrouchef, als welcher er im Korps des Fürsten von Pleß angestellt wurde. Nachdem er dann 1807 bei Pr. Eylau und bei Ostrolenka gefochten, erhielt er noch in demselben Jahre bei Glatz einen Schuß durch die linke Hand.

Doch auch diese traurigste Friedenszeit unseres Vaterlandes nahm ein Ende. Während derselben war Hellwig im Jahre 1809 in das 2. Schlesische Husaren-Regiment versetzt und 1812 zum Major befördert worden.

Das Jahr 1813 begann. Die Rüstungen zu dem großen Kampf auf Leben und Tod nahmen ihren Anfang; der Winter und die erste Zeit des Frühjahrs verstrichen, ehe der erste Kanonenschuß fiel. Doch schon war Dresden von Blücher und Wittgenstein besetzt, die französischen Heere sammelten sich in Thüringen, Franken und an der Elbe. Der günstigste Augenblick für Unternehmungen des kleinen Krieges war gekommen, und Hellwig wollte ihn benutzen. Mit seiner 3. Eskadron überfiel er den Feind bei Langensalza und kurz darauf bei Wanfried. Nachdem er für erstere Waffenthat das Eiserne Kreuz 2. Klasse erhalten, verliehen ihm Seine Majestät für Wanfried die 1. Klasse desselben, deren erster Inhaber er wurde.

Schon sieggekrönt, da die Kameraden zumeist den Feind noch nicht gesehen hatten, war Hellwig im Verein mit der 4. Eskadron seines Regiments Zeuge der ersten preußischen Waffenerfolge bei Apolda und Stölen gewesen, worauf er am 8. Mai von Blücher den Befehl erhielt, „mit beiden Escadrons nach eigenem Gutdünken als Partisan zu agiren". Hiermit eröffnete sich für ihn ein weites Feld der Thätigkeit. Es kämpften denn auch schon am 17. seine 300 Husaren bei Senftenberg mit dem geringen Verluste von 5 Todten und Vermißten, sowie 20 leicht Verwundeten gegen eine feindliche mindestens 1000 Reiter starke Abtheilung, die 150 Todte und Verwundete sowie einige Gefangene verlor. Hellwig selbst schrieb dieses glänzende Ergebniß dem Umstande zu, daß er das erste Glied seiner Husaren mit Lanzen bewaffnet hatte.

Während des Waffenstillstandes stießen so zahlreiche Freiwillige zu Hellwig, daß er bei Wiederausbruch der Feindseligkeiten mit 3, im Oktober mit 4 Escadrons, 1 Bataillon Infanterie und 100 Jägern auftreten konnte. Die Uniform seiner Kavallerie war damals von England geliefert und bestand in rothen Dolmans mit blauen Kragen und Pelzmützen mit blauen Kolpaks.

In der Schlacht bei Großbeeren wurde das Korps auf dem linken Flügel verwendet, alsdann folgten kleinere Gefechte bei Sperenberg, Jüterbog, Holzdorf, Lindenthal und Lippach, worauf Hellwig im November den Befehl erhielt, zum 3. Armeekorps zu stoßen, das sich zur Zeit in Holland befand. Nach dem Gefecht bei Hoogstraaten am 11. Januar 1814 erhielt er abermals, und zwar diesmal von General v. Bülow, die Erlaubniß, nach eigenem Ermessen vorzugehen. Die Folge davon waren wieder mehrere kleine Scharmützel, bei Löwen, Courtray, Sweweghem, Harlebeke, Menin und Oudenarde.

Nachdem Hellwig am 10. April den Befehl zur Einstellung der Feindseligkeiten erhalten hatte, wurden bei Gelegenheit einer Parade vor dem General v. Pirch am 18. Juni 1814 die beiden Escadrons des 6. Husaren-Regiments mit diesem wieder vereinigt und die freiwilligen Jäger in ihre Heimath entlassen; dagegen stießen nunmehr zu Hellwig zwei Schwadronen, die Major v. Schill, der Bruder des zu Stralsund gefallenen Helden, im Jahre 1813 errichtet und dann zunächst selbstständig geführt hatte. Im Mai 1813, unmittelbar nach ihrer Formation, waren dieselben nach Wittenberg marschirt, ihre kriegerische Thätigkeit beschränkte sich auf einige Gefechte in Mecklenburg und Holstein gegen Franzosen und Dänen. Mehrere Offiziere und Leute erhielten Auszeichnungen für die Gefechte bei Dassow, Bretz, Bornhöft, Selmsdorf und für die Theilnahme an der Belagerung von Glückstadt, welche am 25. Dezember 1813 endete. Im Frühjahr 1814 standen die beiden Escadrons unter Führung des Rittmeisters v. Barner und des Lieutenants v. Rohr beim Bülowschen Armeekorps, bei welchem sie die Belagerungsgefechte von Soissons mitmachten.

Während von den Großmächten der erste Pariser Frieden unterzeichnet wurde, stand Hellwig mit seinem neu gebildeten Korps an der Grenze von Brabant und Flandern, um von da im Juli nach Cleve und weiter ins Münsterland zu marschiren. Anscheinend war die Ruhe Europas für lange Jahre gesichert, und wenn auch am Rhein noch drei preußische Korps unter dem General Grafen Kleist von Nollendorf standen, so zog der König doch im Laufe des Januar 1815, „um so viel als möglich schon jetzt die Truppen in ihre Friedensverhältnisse zu bringen", einen großen Theil der Regimenter nach den alten Provinzen zurück.

Da, wie ein Blitz aus heiterem Himmel, traf am 6. März die zu Wien versammelten Monarchen die Kunde von der Landung Napoleons bei Cannes. Sie beantworteten dieselbe mit der Achterklärung des Kaisers, am 23. März verfügte König Friedrich Wilhelm die Mobilmachung seiner Armee.

Die Infanterie des Hellwigschen Korps stand um diese Zeit in Jülich, wo sie bald darauf dem in der Bildung begriffenen 27. Infanterie-Regiment einverleibt wurde. Die Kavallerie ließ bei den Kriegsvorbereitungen ein Depot in Geldern zurück und stieß zu der bei Bastogne sich sammelnden Reserve-Kavallerie des 3. Armeekorps, woselbst sie am 24. April die entscheidende Königliche Kabinets-Ordre erhielt.

Das Offizierkorps des Hellwigschen Kavallerie-Detachements hatte nach seiner Vereinigung mit den Schillschen Eskadrons aus folgenden zwölf Mitgliedern bestanden:

Major v. Hellwig,
Rittmeister v. Bornstädt,
= v. Barner,
Premierlieutenant v. Rohr,
Sekondlieutenant v. Leining,
= v. Zawadzky,

Sekondlieutenant v. Walther,
v. Malachowski,
Freiherr v. d. Goltz,
Freitag,
Lieutenant und Adjutant v. Prittwitz,
Lieutenant und Rechnungsführer Sander.

Am 24. April erließ Major v. Hellwig in Verfolg der oben angeführten Kabinets-Ordre nachstehenden Parolebefehl:

Von morgen, den 25. April, ab stoßen die drei bisherigen Eskadrons (des Korps v. Hellwig) zusammen, provisorisch unter Befehl des Rittmeisters v. Bornstädt, an welchen nunmehr alle Meldungen geschehen. Sie werden das Ulanen-Regiment Nr. 7 formiren und rangiren wie bisher unter Lieutenant v. Zawadzky für die 2. und Lieutenant v. Leining für die 3. Eskadron. . . .

(gez.) v. Hellwig.

Er selbst erhielt am nämlichen Tage seine Ernennung zum Kommandeur des 9. Husaren-Regiments. So mußten also leider gerade jetzt die Schwadronen ihren Kommandeur verlieren, der sie in so mancher Schlacht zum Siege geführt hatte. Der frische Reitergeist aber, mit dem er die Truppen beseelt hatte, lebte weiter fort, Major v. Hellwig hatte für alle Zeiten dem jungen Regiment den Stempel seines Geistes aufgedrückt.

Ziemlich gleichzeitig mit ihm schieden die meisten von den Kameraden, so daß Rittmeister v. Bornstädt, der am 24. April die Führung des Regiments übernahm, schließlich nur noch drei von den Hellwigschen Getreuen unter seinem Kommando behielt. Hatte nun zwar die Allerhöchste Kabinets-Ordre gleich im Monat März dem Regiment sächsische Kavallerie zugewiesen, so wurde solche doch erst im August demselben wirklich einverleibt, und es haben daher als 7. Ulanen-Regiment nur die Hellwigschen Eskadrons den Feldzug 1815 mitgemacht. Am 21. Mai stellte Rittmeister v. Bornstädt zu Resteigne die erste Rangliste des Regiments auf, die indeß, da nach dem starken Abgang der bestimmte Ersatz noch nicht eingetroffen war, sehr wenig umfangreich erscheint. Wir finden nur die Namen:

Stabsrittmeister v. Bornstädt,
Secondlieutenant v. Leining,
= v. Zawadzky,
= v. Freitag,
Portepéefähnrich v. Gersdorff,
= Meyer.

Um jedoch dem Regiment seine kriegerische Aufgabe im Blücherschen Heere überhaupt zu ermöglichen, wurden schon in den allernächsten Tagen zahlreiche Offiziere zur Dienstleistung bei dem jungen Regiment kommandirt. Am 24. Mai übernahm Major v. Raven vom 9. Husaren-Regiment vorläufig den Befehl darüber, worauf er am 9. Oktober zum Oberstlieutenant befördert und am 3. Januar 1816 endgültig zum Regiment versetzt wurde. Rittmeister v. Zastrow erhielt die Führung der 2. Escadron, und auch der soeben erst zum Garde-Dragoner-Regiment versetzte Rittmeister v. Barner, sowie Premierlieutenant v. Slugosky und Secondlieutenant Freiherr v. d. Goltz kehrten für die Dauer des Feldzuges zum Regiment zurück. Endlich wurden auch noch die Lieutenants v. Sulikowsky und v. Nieczkowsky zur Dienstleistung kommandirt.

Bei seiner ersten Formation stand das Regiment im Großherzogthum Luxemburg, wo es im Verein mit dem 8. Ulanen- und dem 9. Husaren-Regiment den Vorpostendienst an der französischen Grenze übernahm. Als darauf die Armee des Feldmarschalls Blücher eine bestimmte Eintheilung erhielt, finden wir dasselbe nach der Ordre de bataille in der 1. Brigade der Reserve-Kavallerie des 3. Armeekorps, auf dem rechten Ufer der Maas in und um Rochefort kantonnirend, woselbst am 24. Mai Major v. Raven eintraf. Angelegentlichst betrieb dieser sofort die Kompletirung des Regiments und suchte die Bekleidung, welche noch immer theils in rothen, theils in grünen Dolmans und Pelzen mit weißer und gelber Beschnürung bestand, einheitlich zu regeln. Auch sollten für alle Mannschaften Lanzen, die bis jetzt erst in sehr geringer Zahl vorhanden waren, beschafft werden, doch wurden alle diese Vorbereitungen durch einen Brigadebefehl des Obersten v. d. Marwitz vom 11. Juni unterbrochen, der auf unmittelbar bevorstehenden Ausbruch der Feindseligkeiten schließen ließ.

Die Ueberraschung, mit welcher Napoleon seine strategischen Operationen einleiten wollte, sollte zum Theil gelingen. Die vier preußischen Korps waren zu weit zerstreut, als daß sie sich recht zeitig hätten vereinigen können. Nachdem der Kaiser Zieten bei Charleroi zurückgedrängt und den Uebergang über die Sambre erzwungen hatte, bestimmte Blücher Sombreffe für den 16. Juni als allgemeinen Vereinigungspunkt seiner Armee. Die Reserve-Kavallerie des 3. Korps nahm am Tage von Ligny eine verdeckte Aufstellung zwischen Point du jour und Sombreffe, nördlich des Ligne-Baches. Zu ihr gehörten die 1. Escadron unter Rittmeister v. Bornstädt und die 2. unter Rittmeister v. Zastrow, während Premierlieutenant v. Slugosky mit der 3. Schwadron zur Deckung der linken Flanke nach Onoz detachirt war.

An der Schlacht selbst nahm das 3. Korps zwar nur geringen Antheil, doch erhielt am Nachmittag des 16. die erste Brigade der Reserve-Kavallerie den Befehl, zur Unterstützung des 1. und 2. Armeekorps nach dem rechten Flügel abzumarschiren. Dort angekommen, bemerkte Oberst v. d. Marwitz eine feindliche Dragoner-Schwadron, worauf er dem Rittmeister v. Bornstädt befahl, diese zurückzuwerfen. Der Feind nahm die Attacke stehenden Fußes an, gab eine Salve und wurde durch den Anprall der Ulanen auseinander gesprengt; Lieutenant Freitag und 4 Mann waren durch feindliche Kugeln leicht verwundet worden. Von einer Verfolgung mußte Abstand genommen werden, da stärkere feindliche Kavalleriemassen sich zeigten, auf welche die geworfene Schwadron zurückging. Nachdem später der Rückzug der gesammten Armee angetreten war, begab sich auch Oberst v. d. Marwitz mit seiner Brigade nach Wavre, worauf die Reserve-Kavallerie des 3. Armeekorps sich am Morgen des 18. im Biwak bei La Buvette vereinigte.

Inzwischen war die 3. Schwadron auf ihrem Posten bei Onoz geblieben, in der Nacht vom 16. zum 17. ging die Fühlung mit dem 3. Armeekorps verloren; plötzlich in der Frühe des 17. erhielt Premierlieutenant v. Slugosky zwei Meldungen, nach welchen der Feind mit seiner Hauptmasse auf der Straße gegen Namur vorging, während eine starke feindliche Kavallerie-Abtheilung bereits vor einer Stunde in der Nähe von Namur selbst, also ganz im Rücken der 3. Schwadron, die Bagage der Armee überfallen hatte. Es blieb daher nur die Möglichkeit, sich durchzuschlagen. In schnellster Gangart ging Lieutenant v. Slugosky auf der großen Straße vor, erreichte das Dorf Boten und durchritt es, während der Feind von beiden Seiten her zur Attacke ansetzte. Da ein Kampf gegen wohl zehnfache Ueberlegenheit mit der Vernichtung der Schwadron hätte endigen müssen, ging Lieutenant v. Slugosky in unverändertem Tempo auf der Straße weiter, den eigentlichen Zusammenstoß vermeidend, und erreichte, wenn auch mit einem Verlust von 3 Unteroffizieren, 1 Trompeter und 24 Ulanen, endlich das preußische Biwak bei La Buvette.

Das Regiment nahm darauf in seiner Gesammtheit an der Schlacht bei Wawre Theil, doch konnte die Kavallerie, da sich der Kampf im Wesentlichen zu einem Defileegefecht gestaltete, zu erfolgreichem Eingreifen keine Gelegenheit finden. Längere Zeit blieb das Regiment feindlichem Geschützfeuer ausgesetzt, infolgedessen es den Verlust eines Chirurgen mit seinem Pferde zu beklagen hatte.

Inzwischen wurde 10 km weiter westlich die Schlacht von Belle-Alliance geschlagen. Dieselbe endete mit der Niederlage des Kaiserlichen Heeres, welches durch die Verfolgung völlig zertrümmert wurde. Auch die preußischen Reiter fanden in der kurzen Sommernacht kaum eine Stunde der Ruhe, und am 20. ging es abermals früh um 4 Uhr weiter in unaufhaltsamem Vordringen gegen die Thore der feindlichen Hauptstadt. Bei Wawre gewann die Reserve-Kavallerie die Fühlung mit dem Feinde, und zwischen Gembloux und Namur stieß man auf den Haupttrupp seiner Arrieregarde. Eine erste Attacke des Regiments auf mehrere feindliche Eskadrons mißlang, weil diese sich an das mit Infanterie besetzte Gembloux angelehnt hatten. Nachdem der Ort jedoch umgangen, wurde die feindliche Kavallerie vollständig geworfen. Bei der sich anschließenden Verfolgung verlor der Feind mehrere Gefangene: diesseits wurde Lieutenant v. Leining verwundet.

Mit Ausnahme eines unbedeutenden Gefechts bei St. Germain war hiermit die kriegerische Thätigkeit des Regiments auf lange Zeit beschlossen. Es marschirte von Namur nach Paris, von dort am 8. Juli in die Gegend von Orléans und Sampigne, wo es vom 24. Juli bis zum 8. August in verschiedenen Quartieren blieb, um dann weiter nach Ancenis zu marschiren. Hierselbst erhielt das Regiment eine Allerhöchste Kabinets-Ordre vom 6. August, worin die endgültige Formirung zu vier Eskadrons unter Zuziehung der schon im März dafür bestimmten, ehemals Königlich sächsischen, Schwadronen befohlen wurde.

Die letzteren hatten bis zum Jahre 1815 dem Königlich sächsischen Ulanen-Regiment Prinz Clemens angehört, und da nun den Be-

Die Stammtruppen des Regiments

stimmungen des Wiener Friedens gemäß dieses zwischen Preußen und Sachsen getheilt werden mußte, hatte man schon am 8. Mai die 1. und 2. Eskadron ausschließlich aus solchen Mannschaften zusammengesetzt, deren Heimathsorte an Preußen gefallen waren. Bei Namur hatten die Eskadrons, obgleich noch nicht zum Regiment gehörig, zum ersten Mal mit demselben zusammen attackirt, nachdem schon vorher ihr Kommandeur, Oberstlieutenant v. Czettritz, und zwar unmittelbar nach dem unglücklichen Ausgange der Schlacht von Ligny, zum 3. Armeekorps gestoßen war. Blücher war tief bewegt durch dieses Maß von Treue und Hingebung, und jetzt erst schwand aus seinem Herzen der letzte Rest des Mißtrauens, das durch die Ereignisse von Lüttich sich seiner scheinbar für ewige Zeiten gegen die sächsischen Truppen bemächtigt hatte.

Mit nachstehendem Gesuch wandte sich der Fürst an Seine Majestät:

Eure Königliche Majestät haben mir theils Allerhöchstselbst durch die Kabinets-Ordre vom 20. v. M. bekannt gemacht, theils durch das Kriegsministerium unterm 23. ejusdem bekannt machen lassen, auf welche Art die von der sächsischen Armee preußisch gewordenen Mannschaften bei den Regimentern vertheilt werden sollen.

Ich erkenne es mit dem allertiefsten Danke, daß Eure Königliche Majestät bei diesen Bestimmungen meine früheren Vorstellungen allergnädigst berücksichtigt haben, muß es aber dem ungeachtet wagen, gegen diese Bestimmung hinsichtlich der sächsischen Kavallerie allerunterthänigst Fürbitte zu thun. Nachdem diese Kavallerie sich nämlich am 16. v. M. unter Anführung des Oberstlieutenants v. Czettritz von der sächsisch verbliebenen Mannschaft getrennt hatte, konnte sie nach unserer verlorenen Schlacht zögern, sich mit dem 3. Armeekorps zu vereinigen, um an den Geschicken geschlagener Truppen nicht theilnehmen zu dürfen; sie eilte aber vielmehr, diese Vereinigung zu bewerkstelligen, und gelang es ihr so, an den Gefechten des 3. Armeekorps bei Wanke und Namur den thätigsten Antheil zu nehmen. Nach dem Zeugnisse des Generallieutenants v. Thielmann sowohl, als des Brigadiers und der Kommandeure der Reserve-Kavallerie hat sich die sächsische Kavallerie durch Thätigkeit und Tapferkeit ausgezeichnet und hat dadurch allerdings auch zu den glücklichen Erfolgen dieses Krieges beigetragen; sie hat demnach auch meiner Ueberzeugung nach ein größeres Recht, ein selbstständiges Ganzes zu bleiben, als irgend ein Kavallerie-Regiment des 5. und 6. Armeekorps, aus welchen jetzt die beiden Linien-Regimenter formirt werden sollen.

Eurer Königlichen Majestät darf ich es unter solchen Umständen alleruntertänigst anheimstellen, ob nicht nach der ersten Bestimmung jetzt aus den Husaren und Ulanen zwei Regimenter gebildet und mit den letzteren die Hellwigschen Eskadrons zur Formation des 7. Ulanen-Regiments vereinigt werden könnten. Das Husaren-Regiment würde sodann durch zwei vollständige Eskadrons der Landwehr-Kavallerie-Regimenter des 5. und 6. Korps kompletirt werden können, worauf sodann noch einige Mannschaften für die Reserve-Eskadrons übrig bleiben.

Wenn Allerhöchstdieselben meinen alleruntertänigsten Vorschlag genehmigen wollten, so würde ich jetzt im Stande sein, die Regimenter hier auf feindliche Kosten uniformiren zu lassen, daher ich submittiren muß, die neu zu formirenden Husaren-Eskadrons hierher zu dirigiren.

Die sächsischen Offiziere, welche wohl vorzüglich das gute Benehmen der sächsischen Kavallerie veranlaßt und den dringenden Wunsch geäußert haben, mit ihren Leuten vereinigt zu bleiben, verdienen wohl auch die Gewährung ihrer Bitte, daher ich dieselbe Eurer Königlichen Majestät zur allergnädigsten Berücksichtigung ehrfurchtsvoll empfehlen darf.

..... Schließlich füge ich eine Liste der bei den sächsischen Husaren und Ulanen befindlichen übergetretenen Offiziere bei.

St. Cloud, den 8. Juli 1815.

(gez.) v. Blücher.

Darauf erließ der König die Allerhöchste Kabinets-Ordre, welche die Gewährung der vorgetragenen Bitte in sich schloß:

Ich übersende Ihnen hierneben die Ranglisten der Offiziere, welche Ich bei dem 12. Husaren-Regiment und bei dem 7. Ulanen-Regiment angestellt habe, und trage Ihnen auf, diesen Offizieren, soweit sie unter Ihrem Befehl stehen, ihre neue Bestimmung bekannt machen zu lassen, auch die Zusammensetzung dieser nach Ihrem Vorschlage vom 8. v. M. anzuordnen.

Rangliste
von den Offizieren des 7. Ulanen-Regiments.

Charge	Namen	Früheres Verhältniß der Offiziere
Kommandeur	vacat.	
Major	v. Wedell,	im Garde-Ulanen-Regiment.
Rittm.	v. Bornstädt,	in der Hellwigschen Kavallerie.
=	Reymann,	im Sächsischen Ulanen-
=	v. Urlaub,	Regiment.
Pr. Lt.	Ziegler v. Klipp-hausen,	im Sächsischen Ulanen-
=	v. Trebra,	Regiment.
=	v. Schollenstern,	
=	Lehmann,	Sek. Lt. im Regt. Königin-Dragoner.
Sek. Lt.	vacat.	
=	vacat.	
=	v. Leining,	Hellwigsche Kavallerie.
=	v. Zawadzky,	
=	v. Brück,	Sächsisches Ulanen-Regiment.
=	Krieger,	
=	v. Wolffersdorff,	
=	Freitag,	Hellwigsche Kavallerie.
=	v. Thümen,	Sächsisches Ulanen-Regiment.
=	von der Lancken,	im Neumärk. Dragoner-Regt.
=	Lehmann,	im Westpreuß. Ulanen-Regt.
=	Keller,	im 4. Ulanen-Regiment.
=	Lenz,	im 8. Husaren-Regiment.
=	Bechthold,	Hellwigsche Kavallerie.
=	v. Schiller,	im Sächsischen Ulanen-Regt.
=	Eversmann,	Port. Fähnr. im 8. Ulanen-Regt.

Paris, den 6. August 1815.

(gez.) Friedrich Wilhelm.

Durch Kabinets-Ordre vom nämlichen Tage wurde der ehemals sächsische Oberstlieutenant Freiherr v. Ezettritz u. Neuhaus zum Kommandeur des Regiments ernannt, um jedoch schon am 12. desselben Monats in gleicher Eigenschaft zum 12. Husaren-Regiment versetzt zu werden. Er konnte daher ebenso wenig beim Regiment eintreffen wie sein Nachfolger Major v. Falkenhausen; dieser hatte bis dahin bei der schlesischen Landwehr-Kavallerie gestanden und führte das Kommando nominell vom 25. August bis zum 6. September. In Wirklichkeit hat also die Führung des Regiments durch Major v. Raven keinerlei Unterbrechung erlitten.

Um die Verschmelzung der verschiedenen Bestandtheile des Regiments zu erleichtern, wurden alle vier Eskadrons gleichmäßig aus vormals Hellwigschen und sächsischen Truppen gebildet. Kurz vor dieser Periode war unter dem Befehl des Rittmeisters v. Maber in der Provinz Sachsen eine Reserve-Eskadron gebildet worden.

Noch in der Neuformation begriffen, war das Regiment am 12. September von Ancennis nach Nantes marschirt, wo es dem 6. Armeekorps überwiesen wurde. Am 15. fand daselbst auf dem Platze Louis XVI. große Parade vor dem kommandirenden General Grafen v. Tauentzien statt, und anfangs schien es, als sollte das Regiment in Nantes seine erste Friedensgarnison finden. Die zwei Schwadronen, welche in der Stadt selbst lagen, exerzirten auf einer großen Wiese an der Loire, die beiden anderen wählten hierzu geeignete Plätze in der Nähe ihrer Unterkunftsorte. In dieser Zeit wurde das Regiment durch zwei Magdeburgische Jäger-Detachements unter den Rittmeistern Czacker und v. Heiligenstädt verstärkt, mit deren Offizieren sich alsbald ein anregender kameradschaftlicher Verkehr entwickelte.

Mit dem 24. September war die Zeit der Ruhe zu Ende, das Regiment erhielt den Befehl zum Aufbruch und durchzog von nun an in kleinen Märschen die Bretagne, Normandie und Picardie. Leider führte der erste Marschtag einen sehr bedauernswerthen Unfall herbei. Es ist ein Verhängniß des Regiments, daß es in der 75jährigen Zeit seines Bestehens zweimal seine Akten verlieren mußte. Am Mittage des 24. wurde der Kassenwagen des Regiments im Hôtel de France zu Ancennis ausgepackt, worauf man die Kasse selbst in Sicherheit brachte; als jedoch am nächsten Morgen der Wagen fertig gemacht werden sollte, war das gesammte Archiv der Adjutantur verschwunden. Die in aller Eile angestellten Nachforschungen führten zu keinem Resultat, und so kommt es denn, daß bis zu diesem Tage die Nachrichten über das Regiment sehr dürftig sind.

Am 10. September war Lieutenant Krieger zum Regimentsadjutanten ernannt worden; aus dieser Zeit stammen unsere ersten sicheren Angaben. Er begann ein von seinen Nachfolgern bis zum

Jahre 1820 mit äußerster Gewissenhaftigkeit fortgeführtes Tagebuch, das uns zwar über innere Verhältnisse des Offizierkorps, Handhabung des Reitdienstes, Ausrüstungs= und Uniformirungsfragen keine Aufschlüsse giebt, gleichwohl aber die mannigfachen Irrfahrten des Regiments bis in die nächste Nähe seiner neuen Heimath Bonn verfolgen läßt. Glücklicherweise hat dies Tagebuch, wie hier vorgreifend bemerkt sein mag, den zweiten Aktenuntergang im Jahre 1870 überlebt. Damals wurden die gesammten Kammerbestände, unter denen die Akten gewiß die wenigste Beachtung fanden, bei dem schleunigen Ausmarsche aus Saarbrücken unverpackt mit Hülfe von Civilpersonen in die Eisenbahnwaggons geworfen. Zu diesen sollten sie unmittelbar nach Siegburg geschafft werden, doch es wurde schon in Niederlahnstein der Zug angehalten, um Reservisten zu ihren Regimentern zu befördern. Zufällig befand sich der Oberst Stein v. Kamienski, der das Regiment 1866 gegen Oesterreich geführt, auf dem genannten Bahnhofe, als er plötzlich große Haufen von Bekleidungs= und Ausrüstungsstücken auf dem Perron liegen sah. Näher hinzutretend, erkannte er darin die Uniformen seines alten Regiments. Zwar sorgte er jetzt persönlich für die ordnungsmäßige Verpackung der Sachen, doch schon zu lange hatten dieselben ohne jede Bewachung Tag und Nacht dort gelegen; der größte Theil der Papiere war und blieb verschwunden, und auch die wenigen heute noch vorhandenen Stücke zeigen verwitterte Schriftzüge, die nur mit Mühe zu entziffern sind.

Major v. Raven erkannte, obgleich selbst noch der Uniform nach Husar, vollkommen, wie die Lanze in der Hand dessen, der sie zu gebrauchen versteht, die Königin der Waffen und nur dem Unerfahrenen mehr hinderlich als nützlich ist. Von jeder Schwadron wurden daher ein Offizier und mehrere Unteroffiziere zum Stabe kommandirt, um von Major v. Wedell, der bis dahin im Garde=Ulanen= Regiment gestanden, Unterricht in den Lanzenübungen zu erhalten. Waren zwar damals auch die Schulbewegungen nur sehr einfache — sie beschränkten sich auf die Stiche „Vorwärts", „Rechts=Seitwärts", „Links=Seitwärts" und die Deckung —, so wurde doch durch diese Anordnung der Grund zu einer gleichmäßigen Ausbildung innerhalb des Regiments gelegt, der demselben durch die Jahrzehnte unverändert erhalten blieb.

Am 9. Oktober wurde, wie schon erwähnt, Major v. Raven zum Oberstlieutenant befördert und gleichzeitig zum Ritter des

Eisernen Kreuzes 1. Klasse ernannt. Schon im Jahre 1794 hatte er bei Neustadt den Orden pour le mérite, später bei Leipzig das Kreuz 2. Klasse erworben. Am nämlichen Tage verliehen Seine Majestät dem Eskadronschirurgen Helberg und dem Wachtmeister Richter das Eiserne Kreuz für Auszeichnung in der Schlacht bei Ligny.

Inzwischen erschienen die Allerhöchsten Bestimmungen, durch welche die Garnisonverhältnisse in Frankreich geregelt wurden.

Die Armee des Fürsten Blücher wurde aufgelöst, das Regiment trat zu dem neu gebildeten Okkupationskorps unter Generallieutenant v. Zieten. Da jedoch gleichzeitig bis zu gewissem Grade die Demobilmachung der Truppen verfügt wurde, so mußten die beiden Jäger-Detachements und mit ihnen sämmtliche Freiwilligen des Regiments am 30. Oktober den Marsch in die Heimath antreten. Am 2. November schied das Regiment endgültig aus dem Verbande des 6. Armeekorps aus, am ersten Weihnachtsfeiertage erreichte es Charleville im Departement des Ardennes.

Die Märsche waren zwar nicht anstrengend gewesen, da immer an einem Tage nur kurze Strecken zurückgelegt wurden und man überdies oft Tage, ja Wochen lang in denselben Quartieren geblieben war. Dennoch sehnte sich Alles, da der Feldzug doch zu Ende war, nach der ersten Ruhe, die im Interesse der Pferde und der Ausrüstung gleich nothwendig erschien. Mit Freuden begrüßte man daher die erste Garnison in Feindesland, Charleville an der Maas, mit seinen schönen Kasernen und Ställen, seinen Reit- und Exerzirplätzen, auf denen nun die verschiedenen Bestandtheile des Regiments zu einem Ganzen zusammengeschweißt werden sollten.

Bis dahin muß dasselbe allerdings einen sehr bunten Anblick gewährt haben, wenn in jeder Eskadron bald sächsische Ulanen standen, theils mit blauen, theils mit rothen Kollets, mit grünen oder schwarzen Kragen und Aufschlägen, bald wieder Hellwigsche Husaren in ihrer englischen Bekleidung, oder wenn gar endlich ein Schillscher Husar seine erste Uniform beibehalten hatte. — Und doch waren die äußeren Unterschiede von verschwindender Wichtigkeit im Vergleich zu den tiefgreifenden inneren Gegensätzen, welche die einzelnen Bestandtheile des Offizierkorps und der Mannschaften noch schieden. Vor allen Dingen mußten diese Gegensätze ausgeglichen werden durch die Disziplin und allmählich durch die Macht der Gewohnheit, wenn das Regiment auf einer Stufe stehen wollte mit den anderen, die sich schon in drei glorreichen Feldzügen bewährt hatten.

Ohne Zweifel enthielten, vom vorurtheilsfreien Standpunkte betrachtet, die sächsischen Eskadrons die brauchbareren Elemente für eine tüchtige Kavallerie. Der Offizier sowohl wie der gemeine Mann war nicht allein aus einer guten Schule hervorgegangen, beide hatten auch, wenngleich in Gemeinschaft mit den Franzosen, manche Schlacht mitgeschlagen. Daß sie aber gerade Sachsen waren, die nach dem Willen ihres Königlichen Herrn am längsten bei Napoleon ausgehalten hatten, wurde ihnen nur zu leicht von denen verdacht und vorgeworfen, die in einem Freikorps mit Auszeichnung in den Feldzügen 1813 und 1814 gegen Napoleon gekämpft hatten. Die Schwierigkeit seiner verschiedenen Aufgaben ließ jedoch den Oberstlieutenant v. Raven nicht vor dem Bestreben, allen Anforderungen gerecht zu werden, zurückschrecken. — Nachdem jeder Offizier einen Equipirungszuschuß von 50 Thalern erhalten hatte, konnten wenigstens noch vor Ablauf des Jahres die neuen Uniformen angelegt werden. Vierzehn Tage nachdem das Regiment in Charleville eingerückt war, ordnete der Kommandeur einen gemeinsamen Mittagstisch des Offizierkorps an.

Systematisch, wenn auch langsam, waren die Fortschritte, welche inzwischen die einheitliche Uniformirung der Mannschaften machte. Im Februar 1816 erst wurden die neuen Litewkas fertig, im März kamen die Czapkas und die fehlenden Lanzen an. Immerhin durfte der Kommandeur auf einen nicht zu unterschätzenden Erfolg zurückblicken, als am 8. April 1816 bei einer großen Parade in Mézières das Regiment zum ersten Male in seiner neuen Bekleidung erscheinen konnte. Da Kollets noch nicht vorhanden waren, so bestand dieselbe vorläufig aus den blauen Litewkas mit rothen Kragen und Aufschlägen, gelben Achselklappen und weißen Knöpfen, grauen Tuchhosen, blauen Czapkas und schwarzem Lederzeug. —

Endlich schien nun auch das Regiment, wenigstens in den Chargen der Stabsoffiziere und Rittmeister, vollzählig werden zu sollen. Nachdem anfangs Rittmeister v. Bornstädt die Geschäfte als Regimentskommandeur, etatsmäßiger Stabsoffizier und als Eskadronchef nebeneinander wahrgenommen hatte, war durch Allerhöchste Kabinets-Ordre die gleichzeitige Führung des Regiments und einer Schwadron im Allgemeinen verboten worden. Darauf erfolgte die Berufung des Majors v. Raven an die Spitze des Regiments.

Doch noch fehlte der etatsmäßige Stabsoffizier; denn nach den Listen war Major v. Wedell Chef der 4. Schwadron, wenn auch in Wirklichkeit Premierlieutenant v. Ziegler den Dienstbetrieb bei derselben leitete. Da nun dieser am 5. Mai 1816 als Rittmeister zum Schlesischen Ulanen-Regiment versetzt wurde, so erhielt Major v. Wedell seine Ernennung zum etatsmäßigen Stabsoffizier, während Rittmeister v. Michaëlis vom 2. Ulanen-Regiment die Führung der 4. Schwadron übernehmen sollte. Derselbe verstarb indeß auf der Reise zum Regiment, am 15. August, an einer Brustentzündung, und nun wurde der älteste Premierlieutenant des Regiments, v. Trebra, zum Rittmeister und Eskadronchef ernannt.

Inzwischen war ein Ereigniß eingetreten, durch welches das Regiment endgültig den altpreußischen Truppentheilen ebenbürtig zur Seite gestellt wurde: Seine Majestät hatten geruht, demselben eine Standarte zu verleihen. Dieselbe wurde am 8. März von Lieutenant v. Wolffersdorff empfangen, am 8. Mai sollte die feierliche Weihe und Uebergabe durch den Brigadekommandeur, Obersten v. Borstell, stattfinden. Die Feier mußte indeß verschoben werden, da dessen Ankunft unterblieb, doch fand gleichwohl das angesetzte Liebesmahl der Offiziere, sowie die festliche Bewirthung der Mannschaften statt. Tags darauf stand das Regiment Morgens früh 9½ Uhr auf dem Exerzirplatze, dem Triot de Monay, sämmtliche Rekruten waren beritten zur Stelle, die 170 Remonten, dem Reglement entsprechend, an der Hand. Nachdem Oberst v. Borstell das Regiment im Einzelnen besichtigt, fand Abends 7 Uhr die Feier der Nagelung statt. Der Kommandeur schlug drei, Major v. Wedell und die Rittmeister je zwei, jeder andere Offizier einen Nagel in die zu weihende Standarte. Am Morgen des 9. stand das Regiment zu Fuß auf dem Markt, es folgte ein Paradenmarsch vor dem Brigadekommandeur im Petit Bois und hierauf die eigentliche Weihe. Das Regiment bildete ein Viereck, in welches Lieutenant Schimmelpfennig die Standarte, welche er aus dem Quartier des Kommandeurs abgeholt hatte, einführte, gegenüber dem Trompeterkorps und dem Feldprediger. Vor derselben standen Brigade- und Regimentskommandeur. Nach dem Absingen eines Chorals hielt der Prediger eine Rede, der Auditeur vereidigte das Regiment, und schließlich folgte die Einsegnung und Weihe. Oberst v. Borstell übergab mit kurzer Ansprache die Standarte dem Regimentskommandeur, von ihm nahm sie der Standartenunteroffizier in Empfang. Derselbe schritt im

Parademarsch die Front der noch im Karree stehenden Eskadrons entlang und trat alsdann in die 3. Eskadron ein. Nachdem das Regiment geschlossen wieder auf den Markt zurückmarschirt war, wurde abermals präsentirt und die Standarte von der 3. Eskadron abgebracht.

Der Dienst, der auch bis dahin nicht vernachlässigt worden war, wurde nach den festlichen Tagen mit frischen Kräften wieder aufgenommen. Die Zahl von 170 Remonten sagt ja an und für sich schon genug; 82 von ihnen waren in einem kläglichen Zustande Ende März unter Lieutenant v. Leining aus Köln beim Regiment eingetroffen, die übrigen 88 hatte Lieutenant Eversmann im Mai bei der demobilisirten Kavallerie empfangen. Trotz der Aehnlichkeit der damaligen Reitinstruktion mit unserer heutigen konnte unter diesen Verhältnissen von einer regulären Dressur wohl kaum die Rede sein, denn zum Manöver mußte doch wenigstens der größere Theil des vorhandenen Materials in die Schwadronen eingestellt werden. So erklärt es sich denn, daß die Züge, die noch im Juli zu acht, im August zu neun Rotten herauskamen, am 21. September zur Parade vor dem Herzog von Wellington zu 13 Rotten erscheinen konnten. Kurz vor der Parade waren die Kollets fertig geworden, Säbel trafen in kleineren Partien aus England ein. Am 6. Dezember erhielt das Regiment von einem Hutmacher in St. Mihiel das Letzte, was an seiner Ausrüstung fehlte, 580 Haarbüsche, wofür 2175 Franken bezahlt wurden.

Die Zeiteintheilung des Dienstes war unserer heutigen entsprechend, nur waren die einzelnen Perioden etwas länger hinausgeschoben. Die Einzelausbildung zu Pferde dauerte bis Ende Mai, um auch dann noch während des Schwadrons- und Regimentsexerzirens weiter fortgesetzt zu werden. Rekruten und „Maladroits" exerzirten daneben Nachmittags zu Fuß, für Offiziere und Unteroffiziere fanden Uebungen im Pistolenschießen statt. Zum Zweck einer sachgemäßen Ausbildung der Büchsenschützen wurde ein Scheibenstand angelegt. — Generallieutenant v. Zieten und Oberst v. Borstell besichtigten wiederholt das Regiment und sprachen jedesmal ihre volle Zufriedenheit mit seinen Leistungen aus.

Merkwürdigerweise gestaltete sich das Verhältniß zu den Bewohnern von Charleville ganz außerordentlich günstig. Der Kommandeur wurde zu einem Feste geladen, das zur Feier der Thronbesteigung Ludwigs XVIII. veranstaltet worden war. Am 3. August, dem Geburtstage unseres Allergnädigsten Königs, fand man fast sämmtliche Häuser festlich erleuchtet, und als zum Namenstage des Königs von Frankreich im Schauspielhause von der Stadt ein Ball gegeben wurde, erhielt das gesammte Offizierkorps Einladungen.

Auf diese Weise trafen viele dem Regiment äußerst günstige Umstände zusammen, gleichzeitig aber zeigte sich, besonders in der ersten Periode, eine nicht zu unterschätzende Schwierigkeit. Dem Regiment fehlte für eine sachgemäße Ausbildung das Wichtigste, ein Stamm von erfahrenen Reitlehrern. Erwägt man gleichzeitig, welches Pferdematerial dem Regiment zur Verfügung stand, zum großen Theil abgegebene Landwehrpferde und russische Remonten, und welche Anforderungen das Reglement an die Richtung beim Paradenmarsch und bei der Attacke stellte, so lassen sich die schwierigen Verhältnisse leicht ermessen. Gleichwohl entsprach das Regiment stets den von seinen Vorgesetzten gestellten Anforderungen. Seine Königliche Hoheit Prinz August von Preußen nahm am 7. September bei St. Laurent die Parade des Regiments ab, 14 Tage später fand, wie bereits erwähnt, eine ebensolche vor dem Herzog von Wellington statt.

Inzwischen hatte das Regiment sein lieb gewordenes Standquartier an der Maas verlassen müssen. Es manövrirte zusammen mit den Brandenburgischen und den 7. Dragonern, um nach Schluß der Uebungen zunächst Ortsunterkunft in der Nähe von Verdun zu beziehen; der Stab kam nach Bras, doch wurden schon am 27. Dezember die Quartiere wieder gewechselt. Bis zum 5. Mai 1817 blieb man in Dugny; um alsdann wieder nach Lérouville bei Commercy überzusiedeln.

Als das Regiment hier anlangte, hatte sich bereits Manches im Offizierkorps geändert. Einzelne Beförderungen und Versetzungen sind schon oben erwähnt, im Februar 1817 wurde Rittmeister v. Bornstädt, der erste Führer des Regiments, verabschiedet, ihm folgte im März Rittmeister Reymann und kurze Zeit nach diesem Oberstlieutenant v. Raven. Am 6. April traf die letztere Nachricht beim Regiment ein, und gleichzeitig erfuhr man, daß der bisherige Kommandeur des Garde-Husaren-Regiments, Oberstlieutenant v. Kracht, in gleicher Eigenschaft zum diesseitigen Regiment versetzt worden sei.

Glänzend war die Abschiedsfeier, die das Offizierkorps seinem scheidenden Führer bereitete. Am 17. April richtete Oberstlieutenant

v. Raven die letzten Worte an sein Regiment. Mit Hurrah von den Schwadronen empfangen, versammelte er zunächst die Offiziere und dann noch einmal sämmtliche Unteroffiziere und Mannschaften um sich, sein Abschiedsgruß wurde mit dreifachem Lebehoch beantwortet. Es folgte die letzte militärische Ehrenbezeugung, der letzte Paradenmarsch des jungen Regiments vor seinem scheidenden ersten Kommandeur.

Oberstlieutenant v. Kracht ist jedoch beim Regiment nicht eingetroffen. Ein Korpsbefehl vom 21. April 1817 lautete:

Mittels Allerhöchster Kabinets-Ordre vom 12. d. M. haben Seine Majestät dem zum Kommandeur des 7. Ulanen-Regiments (1. Rheinischen) bestimmt gewesenen Oberstlieutenant v. Kracht nun das Kommando des 3. Ulanen-Regiments (Brandenburgischen) übertragen und dagegen den Oberstlieutenant v. Schierstedt dieses Regiments zum Kommandeur des 7. Ulanen-Regiments (1. Rheinischen) ernannt. (gez.) v. Zieten.

Am 18. Juni, als alle Schwadronen zur Feier des Tages von Belle-Alliance versammelt waren, hielt der Brigadekommandeur Oberst Graf Lehndorff eine Ansprache, mit welcher er dem neuen Kommandeur das Regiment übergab. — Fast gleichzeitig mit den Kommandeuren hatten die Adjutanten gewechselt. Lieutenant Krieger wurde im August 1816 durch Lieutenant Schimmelpfennig abgelöst; jetzt, da dieser zum Brigadeadjutanten ernannt wurde, übernahm Lieutenant Rose die Regimentsadjutantur.

Mit besonders gespannter Erwartung sah in diesem Jahre das Regiment den Herbstübungen entgegen. Sollte es doch zum ersten Mal, seit es bestand, von seinem Allergnädigsten Kriegsherrn besichtigt werden. Am 1. September kamen Seine Majestät in Bazeilles an, Tags darauf fand bei Douzy große Parade im Verbande des halben Armeekorps statt. An diesem Tage sowohl, wie auch am 3. September, als im Paradeanzuge vor Seiner Majestät manövrirt wurde, war das Regiment so glücklich, die Allerhöchste Zufriedenheit zu erlangen.

Nach Schluß der Uebungen wurden die Kasernen in Sampigny bezogen, in welchen das Regiment volle 8 Monate, bis zum 1. Juli 1818, verbleiben sollte. Ein reger Verkehr entwickelte sich hier alsbald mit dem 3. Husaren-Regiment, das, in Commercy liegend, bereitwilligst auch auf alle Vorschläge betreffs gemeinsamer Felddienstübungen einging.

Wir sind wohl jetzt zu sehr geneigt, den Dienstbetrieb der damaligen Zeit nicht für so ernst zu halten, wie wir ihn heute gewohnt sind. Immerhin waren bei einer solchen Uebung am 13. November die Mannschaften von 5½ Uhr Morgens bis 5 Uhr Abends im Sattel. Im nächsten Jahre wurde an zwei aufeinander folgenden Tagen, am 13. und 14. Oktober, im Verbande von 8 Kavallerie-Regimentern exerzirt und zwar von 6½ Uhr Morgens bis 4 Uhr Nachmittags. Diese Leistungen verdienen um so mehr Anerkennung, als erst im Jahre 1820 die ersten preußischen Remonten beim Regiment eintrafen; bis dahin gehörte das ganze Pferdematerial einer Klasse an, die wir wohl heute nur unter Vorbehalt mit dem Namen Soldatenpferd bezeichnen würden.

Leider ist die Erinnerung an die Zeit von Sampigny durch einen Trauerfall getrübt. Oberstlieutenant v. Schierstedt erkrankte an der Wassersucht und starb am 17. Mai zu Bar le Duc, wo er Heilung gesucht hatte. Am 21. fand die feierliche Beerdigung statt. Hundert Pferde unter Major Graf Henckel eröffneten den Zug, ihnen folgte der Regimentsadjutant, auf einem schwarzen Kissen die Orden des Verstorbenen tragend. Der Sarg ruhte auf den Schultern von 8 Unteroffizieren. Hinter der Leiche folgten Major v. Wedell zwischen den Generalen v. Hobe und v. Borstell, die Offiziere des Regiments, die übrigen Offizierkorps der Reserve-Kavallerie, endlich die Unteroffiziere und Mannschaften des Regiments zu Fuß.

So war denn das Regiment abermals verwaist, es hatte in der kaum dreijährigen Zeit seines Bestehens fünf Kommandeure gehabt.

Major v. Wedell übernahm zunächst wieder die Führung. Unter ihm siedelte das Regiment am 2. Juni nach Gorze bei Metz über. Inzwischen hatten abermals zahlreiche Personalveränderungen stattgefunden. Von den Eskadronchefs aus dem Jahre 1815 war jetzt auch der letzte, Rittmeister v. Urlaub, infolge seiner Versetzung zum 2. Dragoner-Regiment aus dem Kreise der Kameraden geschieden. Seine Schwadron übernahm Rittmeister v. Graeve vom Regiment Gardes du Corps, während schon vordem an Stelle des Rittmeisters Neumann Rittmeister v. Wurmb zum Regiment versetzt worden war. Es schieden ferner die Lieutenants Lehmann, v. Leining, v. Zawadzky, v. Thümen und v. Schiller. Lieutenant Bechthold, welcher niemals beim Regiment erschienen war, wurde nun auch in den Listen gestrichen. Aus der ganzen Reihe der älteren Offiziere blieb schließlich nur der etatsmäßige Stabs-

Offizier, Major v. Wedell, dem infolgedessen die schwierige Pflicht oblag, in allen Fällen, wo etwa alte Gegensätze sich wieder geltend machten, oder wo Reibungen mit den neu hinzugekommenen Kameraden drohten, zu vermitteln und zu versöhnen.

Nach dem Tode des Oberstlieutenants v. Schierstedt wurde durch Allerhöchste Kabinets-Ordre vom 23. Juni 1818 Major v. Kurßel zum Kommandeur des Regiments ernannt. Am 9. September traf derselbe ein, Tags darauf fand die feierliche Uebergabe durch Oberst v. Vorstell statt. In Major v. Kurßel hatte das Regiment einen Vorgesetzten gefunden, der berufen sein sollte, 17 Jahre lang an seiner Spitze zu stehen. Unter seinem Kommando gelangte das Offizierkorps und mit ihm das Regiment auf eine hohe Stufe der Ausbildung, die mehrfach von den Vorgesetzten anerkannt wurde und die uns nur bedauern läßt, daß in dieser ganzen Periode das Regiment nicht berufen war, die bei Besichtigungen dargethane Kriegstüchtigkeit auch vor dem Feinde zu beweisen.

Sehr günstig für die Entwickelung des Regiments war wohl der Umstand, daß der Uebergang von dem mobilen Zustande zu den Friedensverhältnissen ein ganz allmählicher war. Der Aufenthalt in Feindesland, verbunden mit häufigem Quartierwechsel, bereitete die ehemaligen Freischaaren auf die ihrer für später harrende Friedensthätigkeit vor, ohne daß dieselben darum die Bilder des Krieges, um dessentwillen sie den Soldatenberuf erwählt hatten, verschwinden sahen. Zudem wurden während der ganzen Okkupationszeit Kriegszulage und Portionsgelder fortgewährt, was auch auf die Stimmung des ganzen Zietenschen Korps von günstigem Einfluß war.

Mit dem Jahre 1818 sollte der Aufenthalt in Frankreich ein Ende nehmen. Das Regiment stand noch in Gorze bei Metz, als die auf dem Kongreß zu Aachen vereinigten Monarchen die Zurückziehung aller ihrer Truppen vom französischen Boden anordneten. Doch vor dem Marsche in die Heimath sollten dieselben noch einmal ihren Allergnädigsten Kriegsherrn sehen. Seine Majestät nahmen in Gegenwart des Kaisers von Rußland, zahlreicher russischer Großfürsten, sowie preußischer, russischer, österreichischer und englischer Generale am 26. Oktober die große Parade des Okkupationskorps unter Generallieutenant v. Zieten ab, um unmittelbar darauf den Abmarsch nach der Heimath zu verfügen.

Das Regiment wurde dem 8. Armeekorps überwiesen und trat am 12. November unter dem Befehl des Majors v. Kurßel seinen

Marsch nach der Rheinprovinz an, woselbst es am 30. desselben Monats in Siegburg eintraf. Nach einem infolge ungünstiger Witterung beschwerlichen Ritt durch die Ardennen betraten die Kameraden bei Dasburg in der Eifel zuerst den vaterländischen Boden, der jedoch eben hier, zumal in dieser Jahreszeit, kein sehr einladendes Bild von der neuen Heimath gewährte. Auch die Unterkunftsorte bei Siegburg waren nicht nach dem Geschmack der Ulanen, die, bis dahin gewohnt, in Frankreich die Herren zu spielen, sich plötzlich in Verhältnisse versetzt sahen, die nicht wenige Berührungspunkte mit den nachmaligen ersten Zuständen im Reichslande hatten. Zwar waren die Länder am Rhein durch drei glänzende deutsche Feldzüge für ihr altes Vaterland wiedergewonnen, in der Jahrhunderte langen Mißwirthschaft aber hatte die Bevölkerung so sehr ihr patriotisches Gefühl verloren, daß auch die Aufnahme, welche das Regiment in seiner neuen Heimath fand, eine nichts weniger als freundliche war. Kein Wunder also, wenn das Regiment sich auf preußischem Boden anfangs sehr wenig wohl fühlte, zumal es nach den Manövern bei Wesel im Jahre 1819 abermals seine Kantonnements verlassen mußte, um andere in der Gegend von Euskirchen und Zülpich, später bei Bergheim zu beziehen. Fast alle alten Soldaten schieden bei diesem häufigen Wechsel der Quartiere aus dem Regiment, und um so größer wurden die Schwierigkeiten, welche sich der Ausbildung von Rekruten und Remonten entgegenstellten. Diese waren schon ohnehin bei dem Mangel jeglicher Garnisonanstalten nicht eben klein gewesen, und doch hatte Major v. Kurßel es verstanden, durch seine energische Thätigkeit das Regiment stets auf der Höhe der von den Vorgesetzten gestellten Anforderungen zu erhalten.

Am 1. Juli 1819 hatte das Regiment die Ehre, von dem Bruder Seiner Majestät, Seiner Königlichen Hoheit dem Prinzen Wilhelm von Preußen, besichtigt zu werden. Am nächsten Tage nahm derselbe in Gegenwart des Prinzen Friedrich der Niederlande nochmals die Parade ab und sprach seine Zufriedenheit über das unter seinen Augen abgehaltene Divisionsexerziren aus.

Zweiter Abschnitt.
Die Garnison Bonn.

Endlich schlug für das Regiment die Stunde der Erlösung, ihm war nach den traurigsten Kantonnements eine der schönsten Garnisonen der Monarchie beschieden.

Anfangs hatte Seine Majestät dem Regiment Deutz als Standort zugedacht. Als im Jahre 1819 am Gedenktage der Schlacht bei Belle-Alliance dort der Grundstein der für das Regiment bestimmten Kaserne gelegt wurde, wohnten in Vertretung des Kommandeurs Major Graf Henckel mit dem Adjutanten und eine Deputation, bestehend aus den Rittmeistern v. Trebra und v. Schollenstern, Premierlieutenant v. Laroche, Sekondlieutenant v. Haugwitz, 2 Unteroffizieren und 2 Ulanen, der Feierlichkeit bei. Die betreffende Bestimmung wurde indeß geändert, am 20. September 1820 rückte das Regiment in Bonn, seiner neuen Heimath, ein. Die schönen Kasernen, Reit- und Exerzirplätze, die zum Theil noch heute nach 70 Jahren vom Husaren-Regiment König Wilhelm I. benutzt werden, ließen mit einem Male fast alle die Schwierigkeiten verschwinden, mit denen man bis dahin gekämpft hatte. —

Leider schließt mit dem Beginn der Bonner Periode das oben erwähnte Tagebuch, und die Nachrichten über die Folgezeit sind wieder ebenso dürftig, wie die Notizen aus dem Jahre 1815. —

Die Freude des Regiments, eine feste Garnison zu erhalten, war vorläufig eine einseitige, denn die Bonner Bürgerschaft empfand fürs Erste sehr wenig das Bedürfniß, beständig Truppen in ihren Mauern aufzunehmen. Erst im Jahre 1818 war die Friedrich-Wilhelms-Universität gegründet, und das Zusammenleben eines Regiments mit Professoren und Studenten schien den Einwohnern anfangs fast undenkbar. War nun zwar durch die letzten zwei Jahre, während welcher das 8. Ulanen-Regiment in der Welschnonnen-Kaserne und den Kurfürstlichen Stallungen gelegen hatte, die Schärfe dieser Auffassung einigermaßen gemildert, so bedurfte es doch noch längerer Zeit, bis jene gesellschaftliche Harmonie sich bildete, um derentwillen wir noch heute auf jene Zeit als die schönste im Friedensleben des Regiments zurückblicken.

Der Ober-Berghauptmann Graf v. Beust war es vor Allen, in dessen Hause das Offizierkorps gastfreie Aufnahme fand, und wo es gleichzeitig auch dem Landadel sowohl, wie Professoren und Studenten begegnete. Major v. Kurßel unterschätzte nicht den Werth, den ein solcher Verkehr besonders für seine jüngeren Offiziere haben mußte, die von der Schulbank in den Krieg gezogen waren und nun zum ersten Male Gelegenheit fanden, sich in der Gesellschaft zu bewegen. Mußten dann ferner die Studenten das Burschikose in ihrem Wesen im Verkehr mit den Offizieren mildern, so waren diese ihrerseits wieder genöthigt, Manches von ihren Vorurtheilen aufzugeben, wenn sie nicht auf den in jeder Weise anregenden Verkehr ganz verzichten wollten.

Durch die gesellschaftlichen Verpflichtungen wurde indeß die dienstliche Thätigkeit des Regiments durchaus nicht beeinträchtigt, vielmehr wußte Major v. Kurßel dasselbe auf einer solchen Höhe der Leistungen zu erhalten, daß es sich auf der großen Königsrevue bei Köln im Jahre 1821 die besondere Allerhöchste Anerkennung erwarb. Im Manöver des folgenden Jahres sprachen der kommandirende General Freiherr v. Thielmann, sowie auch der Divisionskommandeur Generallieutenant v. Hobe ihre Zufriedenheit mit den Leistungen des Regiments aus. Im Jahre 1825 verliehen Seine Majestät bei der großen Revue über sämmtliche Linien- und Landwehrtruppen des 8. Armeekorps dem am 30. März 1824 zum Oberstlieutenant beförderten Kommandeur wegen der vorzüglichen Haltung des Regiments den Johanniter-Orden.

In der Garnison nahm alsdann nach dem Manöver auch der gesellige Verkehr wieder seinen Fortgang. Schon begann auch die Bonner Bürgerschaft sich mehr und mehr mit einem Offizierkorps auszusöhnen, das durch sein gutes Einvernehmen mit der Universität der Stadt unleugbare Vortheile verschaffte, als im Jahre 1830 das gesellschaftliche Leben eine ernste Störung erlitt. Durch die Juli-Revolution war der Thron der Bourbonen gestürzt, und es schien, als sollte Europa durch die wieder proklamirte Volkssouveränetät von einer neuen Verwirrung heimgesucht werden. Während nun das Offizierkorps den Eidbruch der französischen Truppen aufs Schärffste verurtheilte, schwärmten die akademischen Lehrer, besonders nachdem Louis Philippe ihrem Kollegen Guizot ein Ministerportefeuille verliehen, fast durchgängig für die neuen Völkerbeglückungstheorien. Unter den obwaltenden Verhältnissen war daher dem Offizierkorps ein zeitweiliges Verlassen der Garnison doppelt erwünscht, als am 15. August der Ausmarsch zum Manöver stattfand. Bei Coblenz exerzirte das Regiment zuerst zusammen mit den 4. Dragonern im Brigadeverbande unter seinem alten Führer, dem Generalmajor v. Hellwig, und später noch in Gemeinschaft mit 14 Landwehr-Eskadrons, wobei Generallieutenant v. Czettritz die Oberleitung führte. Schon war der Beginn der Uebungen im ganzen Armeekorps angeordnet, als plötzlich das Regiment in der Nacht vom 31. August zum 1. September Befehl erhielt, sich um 6 Uhr Morgens zum Abmarsch nach der Grenze bereit zu halten.

Wie ein elektrischer Schlag wirkte diese unerwartete Nachricht, und mit großer Spannung sah das Regiment am nächsten Morgen auf dem Sammelplatze bei Kärlich den weiteren Befehlen entgegen. Hier erfuhr man dann, daß die Revolution, welche schon in Brüssel die niederländische Regierung bezwungen hatte, über die Grenze fluthete und in Aachen das Volk sich, wiewohl bis jetzt vergeblich, gegen die Regierung zu erheben trachtete. Der kommandirende General v. Borstell, welcher am Nachmittage des 31. August während der Truppenübungen durch Estafette von diesen Ereignissen in Kenntniß gesetzt worden war, befahl den sofortigen Abmarsch der zur 15. Division gehörigen Linientruppen. Während das 4. Dragoner- und das 25. Infanterie-Regiment nach Köln entsandt wurden, sollte das Ulanen-Regiment zusammen mit der 4. Schützen-Abtheilung, dem 28. Infanterie-Regiment und 4 Geschützen am 4. September in Aachen eintreffen, um dort dem Kommando des Generals v. Pfuel unterstellt zu werden. Das Regiment marschirte vom Sammelplatz bei Kärlich in der Richtung auf Köln ab und sah dem Nachsenden der Marschroute entgegen. Da dieselbe ausblieb, so entschloß sich Oberstlieutenant v. Kurßel, den Marsch bis Bonn, 60 km, an einem Tage zurückzulegen. Daß dies ohne jeden Nachtheil für die Pferde möglich war, dürfte beweisen, daß sich dieselben in einer auch für heutige Anforderungen nicht eben schlechten Verfassung befanden. Um 6 Uhr Abends langte man in Bonn an; das Regiment wurde mit vielen Aeußerungen der Freude von der Bürgerschaft empfangen. Denn schon war die große Mehrheit derselben in ihren Sympathien für die unbedingte Volkssouveränetät durch die drohende Haltung der dortigen Fabrikarbeiter und anderer revolutionären Elemente abgekühlt.

Am andern Morgen setzte das Regiment seinen Marsch über Düren und Stollberg fort, um der Bestimmung gemäß am 4. in Aachen einzutreffen. Stadt und Umgegend wurden in Gemeinschaft mit den übrigen Truppen besetzt, die 3. Eskadron nach Eupen detachirt. Nach kurzer Zeit erschien Seine Königliche Hoheit Prinz Wilhelm von Preußen, der zu Coblenz die Parade über die Landwehr des Armeekorps abgenommen hatte und nun auch die hier versammelten Linientruppen an sich vorbeimarschiren ließ. Die Truppen fanden die besondere Zufriedenheit des Prinzen, und Oberst v. Kurßel, im Jahre zuvor zu dieser Charge befördert, durfte am 16. September folgenden Regimentsbefehl erlassen:

Seine Königliche Hoheit geben den Truppen über die heutige Parade sowohl in Hinsicht der Haltung und Propretät, als des Vorbeimarsches Ihre ganze Zufriedenheit zu erkennen, und dies um so mehr, als sie in forcirten Märschen mit so mancherlei Belästigungen und Unbequemlichkeiten hierher marschirt sind.

(gez.) v. Kurßel,
Oberst und Kommandeur.

Als die revolutionären Bewegungen auch den heimathlichen Boden zu beunruhigen anfingen, hatten Seine Majestät den Abmarsch des 4. Armeekorps nach dem Rheine befohlen. Infolge dessen sollten das 28. Infanterie- und das 7. Ulanen-Regiment von Aachen nicht in ihre Garnisonen zurückkehren, sondern in den Bereich der 16. Division nach Trier abmarschiren, sobald die Truppen des 4. Armeekorps ihre Stellungen in der Aachener Gegend eingenommen haben würden. Kaum hatten indessen von dieser beabsichtigten Veränderung Universität und Bürgerschaft Kunde erhalten, als sie bei den höchsten Behörden vorstellig wurden und baten, das Regiment möchte der Stadt als Garnison erhalten bleiben. Und wirklich fand das gemeinsam vorgetragene Gesuch an Allerhöchster Stelle Genehmigung, das Regiment erhielt den Befehl, nach Bonn zurückzukehren. Oberst v. Kurßel fühlte sich verpflichtet, dieses für das Regiment sehr schmeichelhafte Vorgehen von Universität und Magistrat durch Befehl vom 26. September zur Kenntniß des Regiments zu bringen.

In den folgenden Wochen bereitete das Regiment abermals in erhöhtem Maße seine Kriegskompletirung vor, wobei der Pferdeetat bald die vorgeschriebene Zahl 702 erreichte. Von drei Seiten, von Polen, Frankreich und Belgien her, drohten jetzt die revolutionären Bewegungen über Deutschlands Grenzen zu fluthen. Nachdem die Londoner Konferenz indessen die Belgische Frage aus der Welt geschafft hatte, schien von Westen her dem Staate vorläufig wenigstens keine Gefahr mehr zu drohen; der König befahl daher dem 4. Armeekorps, nach seinen alten Garnisonen in der Provinz Sachsen zurückzukehren. Mit großem Bedauern sah das Regiment die Kameraden von den 12. Husaren, mit denen es nunmehr seit fast zwei Jahren in und bei Bonn in regstem Verkehr gestanden hatte, vom Rheine scheiden.

Der sehnlich erwartete Mobilmachungsbefehl sollte trotzdem noch eintreffen. Louis Philippe unternahm den Zug gegen Antwerpen, worauf König Friedrich Wilhelm, um weitere Folgen dieses eigenmächtigen französischen Vorgehens zu verhüten, die Aufstellung eines Beobachtungskorps an der Maas mit dem Hauptquartier Crefeld anordnete. Unter dem Oberbefehl des Generals der Infanterie Freiherrn v. Müffling wurde auch das Regiment mobil gemacht, und allgemein hoffte man, es möchten diesmal nicht vergeblich die Reserven eingezogen, Rekruten und Remonten zum Depot ausgeschieden sein.

Am 15. November 1832 marschirte das Regiment über Köln in die Gegend von Erkelenz, woselbst der Stab in Holzweiler, die Schwadronen in den umliegenden Dörfern Unterkunft fanden. Noch in seiner alten Garnison hatte das Regiment die Ehre gehabt, von seinem kommandirenden General wie auch von seinem Brigadekommandeur, seinem alten Führer, General v. Hellwig, die herzlichsten Abschiedsgrüße auf den Weg zu erhalten.

Bei Erkelenz angekommen, vollendete das Regiment seine Mobilmachungsausrüstung, denn bei dem plötzlichen Ausmarsch aus der Garnison war man zu keiner geordneten Ausgabe der Kriegsgarnitur gelangt. Daß es aber zum Schlagen kommen würde, daran zweifelte man im Anfang kaum, trug doch ein leichter Wind den Donner der Geschütze von Antwerpen bis in die Kantonnements des Regiments herüber. Am 23. Dezember aber verstummten die Kanonen, die französische Politik durfte sich mit diesem kümmerlichen Triumphe ihrer Waffen zufrieden geben. Für Preußen lag also kein Kriegsfall mehr vor, weshalb auch am 10. Januar 1833 mit der Nachricht von der Auflösung des Beobachtungskorps für das Regiment der Befehl eintraf, in die Heimath zurückzukehren. Am 21. Januar langte nach dreitägigem Marsch das Regiment in seiner Garnison an, wo es von der Bevölkerung mit großem Jubel empfangen wurde.

Am 30. März 1835 wurde Oberst v. Kurßel, der 17 Jahre lang an der Spitze des Regiments gestanden hatte, von Seiner Majestät in eine andere Stelle berufen. Er wurde zum Kommandeur der 5. Kavallerie-Brigade ernannt. War schon vordem das Regiment sich immer bewußt gewesen, was es dermaleinst mit ihm verlieren würde, so fühlte es doch erst in diesem Augenblicke, wie sehr Kommandeur und Offizierkorps wirklich Eins gewesen waren.

Im Jahre zuvor hatte der kommandirende General v. Borstell Seiner Majestät berichtet:

„Die vier Regimenter sind von mir bei der Frühjahrs-besichtigung in allen Theilen genau gesehen worden und in einer ganz vorzüglichen Fassung befunden. Das 7. Ulanen-Regiment behauptet noch immer den Vorzug und das Prädikat eines Normal-Ulanen-Regiments."

General v. Borstell hatte, als er im Jahre 1825 das Kommando des 8. Armeekorps übernahm, bemerkt, daß die Kavallerie-Regimenter im Allgemeinen, um ihre Kriegsstärke zu erhöhen, auf Kosten des Materials die Ausbildung übereilten. Er befahl daher ganz im Sinne unserer heutigen Reitinstruktion, daß die Ausbildung der Remonten 1½ Jahre, nicht, wie bis dahin üblich, 6 Monate in Anspruch nehmen sollte. Bei den Frühjahrsbesichtigungen legte er den Hauptwerth auf die Einzelausbildung von Mann und Pferd, während er im Schwadronsexerziren in dieser Zeit — etwa am 1. Juni — nur die ersten Schulbewegungen verlangte. Das Regiment ging auf die angedeuteten Ausbildungsgrundsätze sofort rückhaltslos ein, wobei es durch einen sandigen Exerzirplatz in seiner ganzen Thätigkeit wesentlich unterstützt wurde. Da endlich auch, den Intentionen des kommandirenden Generals entsprechend, besonderer Werth auf den theoretischen Unterricht gelegt wurde, so ist wohl dem Zusammentreffen aller dieser Umstände das anerkennende Urtheil des Generals v. Borstell zu verdanken.

Als Nachfolger des Obersten v. Kurßel wurde von Seiner Majestät Major v. Flotow bestimmt, der ganz im Sinne seines Vorgängers das Regiment zu leiten wußte. In der letzten Zeit hatte sich dem Regiment ein neuer Kreis erschlossen, in welchem besonders die jüngeren Kameraden manche frohe Stunde verlebten. Es war dies das im Jahre 1827 gegründete Korps Borussia. Der Verkehr mit demselben wurde bald ein so herzlicher, daß er noch fortgesetzt wurde, als das Regiment nach dem Feldzuge in Baden die Garnison Bonn mit Deutz vertauschen mußte. Erst die Versetzung nach Saarbrücken hatte das Aufhören dieses freundschaftlichen Verkehrs zur Folge.

In den Jahren 1832—35 nahm das Regiment Theil an den Divisionsübungen bei Köln. Da inzwischen die unruhigen Verhältnisse in den westlichen Nachbarländern eine Garnisonvermehrung der Bundesfestung Mainz zu erheischen schienen, wurde das Regiment dazu bestimmt, abwechselnd mit den 4. Dragonern eine Schwadron dorthin zu senden. Es begann am 1. Juli 1834 die 3. Eskadron, ihr folgten nach je 2 Jahren die 2., 1. und 4., 1842 begann die 3. wiederum, und endete alsdann das Kommando, nachdem 1845 die 2., 1847 die 1. Schwadron die Besatzung übernommen hatte.

Die große Revue des Jahres 1836 gab den Offizieren des Regiments Gelegenheit, die Bewegungen der Kavallerie in großen Massen kennen zu lernen, denn nicht weniger als 30 Eskadrons mit 3500 Pferden waren für die Dauer der Uebungen dem Generallieutenant Grafen zu Dohna unterstellt. Das Exerziren schloß mit einer großen Parade vor Seiner Königlichen Hoheit dem Kronprinzen, welcher die Gnade hatte, bei Gelegenheit der Kritik dem Regiment seine besondere Anerkennung auszusprechen.

Als dann später die belgischen Verhältnisse eine Mobilisirung der Fußtruppen des 7. und 8. Armeekorps nothwendig erscheinen ließen, gingen im Februar des Jahres 1839 70 Pferde des Regiments unter Premierlieutenant v. Schmidthals nach Aachen ab. Da jedoch die belgische Regierung sich alsbald den Beschlüssen der Londoner Konferenz fügte, so konnte der mobile Zustand nur von kurzer Dauer sein.

Am 7. Juni 1840 starb König Friedrich Wilhelm III. nach

43jähriger Regierung; der bisherige Kronprinz bestieg als König Friedrich Wilhelm IV. den Thron seiner Väter.

Der Allerhöchste Erlaß vom 12. Juli 1840 zeigte, daß sich die Armee nicht getäuscht hatte in ihrer Hoffnung, es möchte ihr auch ferner die Fürsorge gewidmet werden, welche der Hochselige König ihr jederzeit hatte zu Theil werden lassen. Mit scharfem Blicke hatten Seine Majestät bemerkt, wie in der 25jährigen Friedenszeit die Kriegserfahrungen dem Gedächtnisse derer, denen es vergönnt gewesen war, an den Befreiungskriegen theilzunehmen, vielfach entschwunden waren. In den ersten Friedensjahren war es ja wohl berechtigt gewesen, wenn die Regimentskommandeure vor Allem auf die Ergänzung ihres Materials bedacht waren und im Dienst selbst den Hauptnachdruck auf die Einzelausbildung von Mann und Pferd legten. Wie man sich bei Unternehmungen des kleinen Krieges, auf Vorposten, auf Patrouille zu benehmen hatte, das war vor dem Feinde geübt und konnte nicht so bald wieder vergessen werden. So kam es denn, daß man den Felddienstübungen häufig ein nur geringes Interesse zuwandte, die Manöver dagegen fast ausschließlich aus Exerzirbewegungen in größeren Verbänden, ohne Gegner oder doch höchstens gegen markirten Feind bestanden. Die wirkliche Aufklärung trat hierbei in den Hintergrund, und sollte einmal ausnahmsweise eine solche versucht werden, so reichte das Verbot jeglicher Flurbeschädigung aus, um auch diese vereinzelten Fälle uninteressant und wenig lehrreich zu machen. Allgemeine Freude erregte daher die Nachricht, es sollten im Herbst 1840 die beiden Divisionen des 8. Armeekorps gegen einander manövriren.

Generallieutenant v. Colomb, der Kommandeur der 15. Division, hatte dies beantragt und gleichzeitig die Eifel wegen ihrer geringen Kultur als Gelände in Vorschlag gebracht. Die Divisionen sammelten sich bei Köln und Trier und trafen nach drei starken Märschen zwischen Kyll und Blankenheim auf einander. Fünf Tage dauerten darauf die Uebungen in unserem heutigen Sinne, ohne daß neutrale Unterkunftsorte hätten bezogen werden dürfen. Zum ersten Male kam der Grundsatz wieder zu Ehren, daß der Zweck aller Pferdeschonung, aller Kammererersparnisse im Winter doch nur der ist, für den Ernstfall und die großen Uebungen ein wirklich rücksichtsloses Reiten zu ermöglichen. Der stark vernachlässigte Vorpostendienst kam infolge dessen in Verbindung mit weit ausgreifenden Patrouillen wieder zur Geltung. Noch immer blieben jedoch alle

Anordnungen den Regimentern überlassen; die seitens der Truppen gehegte Hoffnung, für diesen wichtigsten aller Dienstzweige maßgebende Bestimmungen mit der Allerhöchsten Unterschrift zu erhalten, sollte sich noch nicht verwirklichen.

Auch die Herbstmanöver des Jahres 1842, von denen man alles das erwartete, was man bis jetzt vermißt hatte, sollten kaum etwas Wesentliches am Bestehenden ändern. Das 7. und 8. Armeekorps hatten große Uebungen vor Seiner Majestät, die Aufklärung im großen Maße, Gefechtsbilder und Vorpostenaufstellungen in breitester Front schienen sich fast von selbst zu ergeben. Da jedoch fremde Fürstlichkeiten diesmal in besonders großer Zahl, unter ihnen der König von Württemberg und der König der Niederlande, Gäste Seiner Majestät sein sollten, so war die Zusammenziehung der Truppen auf einen verhältnißmäßig beschränkten Raum erforderlich. Aus demselben Grunde erschien es wohl auch nicht angängig, die beiden Armeekorps durch ein größeres Terrainhinderniß, wie etwa den Rhein oder die Eifel, zu trennen. Den Glanzpunkt des Manövers, das zusammenfiel mit den Feierlichkeiten zur Grundsteinlegung des Kölner Doms, bildete die große Parade, und diese mußte immerhin auf die fremden Souveräne und Bevollmächtigten durch die für damalige Verhältnisse große Masse der vorbeimarschirenden Truppen einen bedeutenden Eindruck machen. Als Zeichen seiner Zufriedenheit mit den Leistungen des Regiments verlieh der König seinem derzeitigen Führer, Major von der Lancken, sowie dem Major Grafen v. Kalnein den Rothen Adler-Orden 4. Klasse. Zwei Tage nach der Parade hatten Seine Majestät die Gnade, einer Einladung des Offizierkorps zum Frühstück in Bonn zu entsprechen.

Oberst v. Flotow wurde am 22. März 1843 zum Kommandeur der 3. Kavallerie-Brigade ernannt. An seine Stelle trat der bisherige etatsmäßige Stabsoffizier im Ulanen-Regiment Nr. 4, Oberstlieutenant Giese. Auch ihm stand noch reiche Kriegserfahrung zu Gebote, denn er hatte nicht nur an den Befreiungskriegen, sondern auch an den Feldzügen 1806 und 1807 theilgenommen. Bei dem hohen Werth, welchen er auf die Ausbildung des Patrouillen- und Vorpostendienstes legte, konnte das Regiment in größeren Verbänden, soweit dies möglich war, auch in dieser Beziehung immer die Zufriedenheit seiner höheren Führer erlangen, zumal andere Ulanen-

Regimenter, sich als nicht zur leichten Kavallerie gehörig betrachtend, diesem Dienstzweige weniger Interesse zuwendeten.

Oberstlieutenant Giese, dem es nicht mehr vergönnt war, nach langer Ruhe zum ersten Male wieder das Regiment gegen den Feind zu führen, durfte immerhin zweimal in Friedenszeiten an seiner Spitze vor dem Allerhöchsten Kriegsherrn den Säbel senken. Am 8. August 1845 war es zuerst, als Seine Majestät auf der Durchreise nach Schloß Stolzenfels in Bonn eintrafen und sich auf dem Bahnhof die Spitzen der Behörden vorstellen ließen. Zwei Tage später war große Parade des Regiments in der Poppels= dorfer Allee. Zwei Jahre darauf hatte das 8. Armeekorps Königs= manöver. Am 22. September 1847 fand große Parade, Tags darauf Divisionsmanöver vor den Augen Seiner Majestät bei Brühl statt.

Auch in außerdienstlicher Beziehung knüpft sich an die letzten Jahre der Bonner Zeit manche schöne Erinnerung für das Regiment. Prinz Friedrich Karl von Preußen und der Erbprinz von Meiningen trafen in der Stadt ein, um Vorlesungen an der Universität zu hören. Das Offizierkorps machte beiden hohen Herren seine Aufwartung und hatte demnächst mehrmals die Ehre, dieselben als Gäste in seiner Mitte begrüßen zu dürfen.

Das Verhältniß zur Bürgerschaft Bonns war ein in jeder Beziehung günstiges geworden. Von Reibereien zwischen Militär und Civilbevölkerung, wie sie im Anfang der dreißiger Jahre vor= gekommen waren, hörte man nichts mehr, im Gegentheil, die Stadt= bewohner schienen die Thätigkeit des Regiments mit sympathischem Interesse zu verfolgen. Dem Oberstlieutenant Giese brachte die Bürgerschaft, als seine Bestätigung als wirklicher Kommandeur des Regiments bekannt wurde, am 26. Februar 1844 einen glänzenden Fackelzug.

Da im Jahre 1848 die Nachwirkungen der französischen Re= volution sich in den rheinischen Städten fühlbar machten, so wurde das Regiment auf Coblenz, Sobernheim und Simmern vertheilt. In diesen Unterkunftsorten traf am 19. April die Allerhöchste Kabinets= Ordre ein, durch welche der etatsmäßige Stabsoffizier Major von der Lancken zum Kommandeur des 2. Ulanen-Regiments er= nannt wurde. Mit ihm schied das letzte Mitglied des Offizierkorps, welches seit dem 6. August 1815 demselben ununterbrochen angehört hatte. Durch seinen vornehmen Charakter hatte er es verstanden, immer ein wohlwollender und gerechter Vorgesetzter, stets ein liebenswürdiger Kamerad zu sein. Nach ihm hat nur ein Offizier wieder im Regiment alle Chargen bis zum etatsmäßigen Stabsoffizier durchgemacht, der spätere Divisionskommandeur, Generallieutenant v. Wright.

Auch seinen langjährigen Kommandeur, den von Seiner Majestät in den Adelsstand erhobenen Obersten Giese, mußte das Regiment damals scheiden sehen, da derselbe zum Kommandeur der 8. Kavallerie-Brigade ernannt wurde. An seine Stelle trat Major v. Stülpnagel, vordem etatsmäßiger Stabsoffizier im 8. Kürassier-Regiment.

Im Frühjahr 1849 wurde das Regiment nach Deutz verlegt, verließ jedoch diese Garnison Ende Mai und wurde vom 4. Juni an bei Castellaun auf dem Hundsrück mobil gemacht. Am folgenden Tage durfte das Regiment auf dem Marsche nach Alzey den Prinzen von Preußen, den Oberbefehlshaber der Operationsarmee am Rhein, mit begeistertem Hurrah begrüßen.

Kam das Regiment auch in dem kurzen Feldzuge des Jahres 1849 nur sehr wenig zur Thätigkeit, so war diese Zeit doch geeignet, mancherlei Kriegserfahrung zu sammeln, welche in der langen Friedensperiode verloren gegangen war. Wo das Regiment auftrat, zeichnete es sich durch Mannszucht aus und fand auch die Anerkennung seines späteren ruhmgekrönten Kriegsherrn. Allerhöchstderselbe gab später durch Verleihung des Bandes des Militär-Ehrenzeichens mit Schwertern an die Standarte durch Kabinets-Ordre vom 12. Januar 1861 seiner Zufriedenheit Ausdruck.

Als im November 1850 die Mobilmachung der ganzen Armee ausgesprochen wurde, marschirte das Regiment über Frankfurt und Coblenz nach Bonn, wo es am 9. Dezember einrückte. Da jedoch die dortige Kaserne von Theilen des 28. Landwehr-Kavallerie-Regiments belegt war, so mußten die Schwadronen in den umliegenden Ortschaften Wesseling, Sechtern, Hersel und Bornheim untergebracht werden.

Nach 2½ jähriger Abwesenheit hatte das Regiment zum ersten Male wieder geschlossen seine alte Garnison durchzogen. Es sollte dieselbe nicht wiedersehen.

Dritter Abschnitt.
Von Bonn nach Saarbrücken.

Das Regiment war für die bevorstehenden Ereignisse der 8. Kavallerie-Division unter Generalmajor v. Dobeneck zugetheilt, doch wurde schon nach wenigen Tagen wieder die Demobilmachung der Armee und im Laufe des Januar 1851 die Entlassung der Landwehr befohlen.

Das Regiment stand nunmehr im Begriff, in seine Garnison zurückzukehren, und schon waren alle Befehle ausgegeben, als im letzten Augenblick vom Kriegsministerium die Weisung eintraf, nach Saarbrücken und Saarlouis abzumarschiren. Am 6. Februar 1851 verließen daher der Stab mit der 1. und 2. Schwadron und dem Depot, zwei Tage später die 3. und 4. Eskadron ihre Quartiere, um am 20. bezw. 22. nach häßlichen Märschen durch die Eifel in Saarbrücken und Saarlouis anzukommen.

Gleich nach dem Eintreffen erhielt das Regiment den Befehl zur Auflösung des Depots. Somit war man gänzlich in den Friedenszustand zurückgekehrt, die Versetzung nach Saarbrücken konnte als eine endgültige angesehen werden. Das Auge, das seit langen Jahren an den Rhein mit dem Siebengebirge gewöhnt war, das noch vor Kurzem das Preußenbanner auf der alten Stammburg der Hohenzollern geschaut, mußte sich jetzt an den Ufern der Saar mit einfacheren Bildern begnügen. Die äußerste Westmark war erreicht, wo man 19 Jahre später dem feindlichen Nachbar Trotz bieten sollte, um dann eine neue Heimath da zu suchen, wo deutsche Sprache, deutsche Sitte seit Jahrhunderten vergessen waren.

In Saarbrücken, wo fürs Erste der Stab mit der 1. und 2. Schwadron vereinigt war, begann man, nachdem die Demobilmachung vollendet, sich alsbald häuslich einzurichten. Der Wachtdienst nahm seinen Anfang. Regimentsexerziren und Manöver konnten diesmal nicht stattfinden, da in Saarlouis eine Ruhrepidemie ausgebrochen war. In anderer Hinsicht aber sollte das Jahr noch für das Regiment, wie für die ganze Kavallerie bedeutungsvoll werden. Neben Lanze und Säbel hatten die Ulanen bis jetzt als Schußwaffen Büchsen, Karabiner und Pistolen, sämmtlich mit Steinschlössern, geführt. Durch kriegsministerielle Verfügung erhielt das Regiment am 16. Oktober das Perkussionspistol M/50 und bald darauf statt des Säbels ohne Korbgefäß den Kavalleriesäbel M/52.

Auch die Uniformen hatten mittlerweile manche Veränderung erfahren. Schon im Jahre 1840 finden wir die Litewkas in blaue Jacken umgeändert, die durch Haken geschlossen werden; statt des Kragens ist nur noch die Patte, statt der Aufschläge nur der Vorstoß roth geblieben, die Achselklappen sind verschwunden. Die Offiziere tragen blaue Röcke mit einer Reihe Knöpfe, rothem Kragen und spitzen Aufschlägen.

Das Kollet ist im Allgemeinen dasselbe geblieben. Die Epauletts sind wie heute gelb mit gelben Monden, die Leibbinde ist roth eingefaßt. Das schwarze Lederzeug war infolge der Kabinets-Ordre vom 5. Mai 1825 in weißes umgeändert worden. Erst bedeutend später verschwand auch das Kollet, um nach den Allerhöchsten Bestimmungen vom 24. November 1853 der Ulanka Platz zu machen; die langen, grauen Beinkleider, an deren Stelle vorübergehend kurze Reithosen getragen worden waren, wurden indeß beibehalten.

Im Jahre 1852 erschien am 21. April Seine Königliche Hoheit der Prinz von Preußen, in Begleitung des kommandirenden Generals und des Divisionskommandeurs, der Generallieutenants v. Hirschfeld und v. Gayl, in Saarbrücken. Am nächsten Morgen um 9 Uhr begann eine eingehende Besichtigung welche Nachmittags in Saarlouis fortgesetzt wurde.

Vom 1. Juli ab war wiederum eine Eskadron des Regiments auf ein Jahr, und zwar diesmal nach Frankfurt a. M. abgezweigt. In diesem Kommando wechselte das Regiment mit den 9. Husaren. Den Anfang machte die 4. Schwadron, welcher am 1. Oktober 1854 die 3. folgte. Im Jahre 1858/59 befand sich die 1. Eskadron in Frankfurt, die 2. in Mainz.

Leider konnte infolge ihrer Abkommandirung die 3. Schwadron den ersten Freudentag des Regiments in Saarbrücken nicht im

Kameradenkreise verleben. Seine Majestät hatten durch Allerhöchste Kabinets-Ordre vom 20. Juli 1852 Seine Königliche Hoheit den Prinz-Regenten Friedrich von Baden zum Chef des Regiments ernannt. Schon nach Ablauf eines Jahres hatte Seine Königliche Hoheit die Gnade, dem Regiment eine erste Auszeichnung zu verleihen: der Adjutant, Lieutenant v. Schorlemer, erhielt das Ritterkreuz des Ordens vom Zähringer Löwen. Am 5. November 1854 wurde Lieutenant Graf v. Boos-Waldeck vorläufig auf ein Jahr zur Dienstleistung bei dem hohen Chef des Regiments befohlen, das Kommando wurde demnächst bis Ende August und schließlich sogar bis Ende Dezember des folgenden Jahres verlängert. Auch er erhielt zum Abschied den Orden vom Zähringer Löwen, wie denn überhaupt in der nächsten Zeit mehrere besonders ältere Offiziere in dieser Weise ausgezeichnet wurden. Ordonnanzoffiziere wurden in späterer Zeit wiederholt während der Herbstübungen zu Seiner Königlichen Hoheit kommandirt.

In der Folgezeit wurde das Regiment jährlich mehrmals, im Schwadrons-, Regiments- und Brigade-Exerziren sowohl wie auch im Manöver, von dem Generalgouverneur von Rheinland und Westfalen, Seiner Königlichen Hoheit dem Prinzen von Preußen, gesehen. Besonders interessant war die Besichtigung am 21. Juni 1853, welcher mehrere französische Offiziere, unter ihnen der Kriegsminister General de St. Arnaud, beiwohnten. Dieselbe begann mit der 3. Schwadron in Saarlouis und wurde Nachmittags in Saarbrücken fortgesetzt, so daß die Zeit des Mittagsmahls auch für die fremden Gäste eine etwas beschränkte war.

Am 25. September 1855 schied Oberst v. Stülpnagel vom Regiment. Er war zum Kommandeur der 4. Kavallerie-Brigade ernannt worden, während der bisherige Kommandeur des 8. Ulanen-Regiments, Oberst Freiherr v. Czettritz und Neuhaus, in gleicher Eigenschaft zum Regiment versetzt wurde. Letzterer begab sich am 5. November in Begleitung des etatsmäßigen Stabsoffiziers, Majors Schimmel, sowie der Rittmeister v. Reimann, v. Boddien und v. Brozowski nach Karlsruhe, um Seiner Königlichen Hoheit dem Prinz-Regenten von Baden die Glückwünsche des Regiments zu Höchstseiner Verlobung mit der Prinzessin Luise von Preußen zu überbringen.

Am 1. Oktober 1855 marschirte die 3. Schwadron, deren Kommando nach Frankfurt abgelaufen war, von dort nicht nach

Saarlouis zurück, sondern nach Saarbrücken, während an ihre Stelle die 2. nach Saarlouis verlegt wurde. Drei Jahre später tauschten in derselben Weise die 1. und 4. Schwadron, so daß von nun an bis zum Jahre 1872 Stab, 3., 4. (und später 5.) Schwadron in Saarbrücken, 1. und 2. in Saarlouis standen.

Wie vorauszusehen war, blieb Oberst v. Czettritz nicht lange an der Spitze des Regiments. Schon nach anderthalb Jahren, am 19. Februar 1857, brachte ihm eine Allerhöchste Kabinets-Ordre die Ernennung zum Kommandeur der 1. Garde-Kavallerie-Brigade. Major v. Kotze, bis dahin etatsmäßiger Stabsoffizier im 3. Kürassier-Regiment, wurde an seiner Stelle Kommandeur.

Am 20. April 1859 ordnete Seine Königliche Hoheit der Prinz von Preußen, der schon im Jahre zuvor an Stelle seines schwer erkrankten Bruders die Regentschaft des preußischen Staates übernommen hatte, die Kriegsbereitschaft der Armee an; am 14. Juni folgte die Mobilmachungs-Ordre. Die Kämpfe der Franzosen und Piemontesen gegen die Oesterreicher ließen auch Preußens Ruhe bedroht erscheinen. Das Regiment verließ seine Garnisonen und bezog Ende des Monats Kantonnements bei Trier zwischen der Kyll und der Bitburger Straße, das 7. Landwehr-Ulanen-Regiment rückte im Monat Juli in Trier selbst ein.

Zum Kriege kam es indessen nicht. Auf den nun folgenden Demobilmachungsbefehl hin rückte das Regiment wieder in seine Garnisonen ein, doch wurde die Ersatz-Eskadron nicht aufgelöst. Sie blieb vielmehr beim Stabe, um dann infolge der Allerhöchsten Kabinets-Ordre vom 15. Januar 1860, nach welcher sämmtliche Kavallerie-Regimenter sich auf die Stärke von fünf gleich starken Schwadronen zu setzen hatten, durch Austausch in die 5. Eskadron verwandelt zu werden.

So begann die große Armeeneuordnung des Jahres 1860. Vom Regiment bestimmte eine Kabinets-Ordre vom 7. Mai die 5. (kombinirte) Eskadron zur Abgabe an das neu zu errichtende 1. kombinirte, nachmalige 2. Pommersche Ulanen-Regiment Nr. 9. In der Stärke von 2 Offizieren, Rittmeister v. Waldow und Lieutenant Graf v. Bruges, 16 Unteroffizieren, 3 Trompetern, 128 Gemeinen einschl. 5 Handwerkern und 143 Pferden schied dieselbe von Saarbrücken, um zu ihrer neuen Bestimmung abzugehen.

Durch Kabinets-Ordre vom 4. Juli erhielt das Regiment seine jetzige Bezeichnung: „Rheinisches Ulanen-Regiment Nr. 7". Bis zum 5. November 1816 hatte es den Namen „7. Ulanen-Regiment" geführt, bis zum 20. März 1823 hieß es „7. Ulanen-Regiment (1. Rheinisches)" und von da ab bis zum Jahre 1860 wieder wie zu Anfang „7. Ulanen-Regiment".

Am 10. Juni übernahm der etatsmäßige Stabsoffizier des Regiments Major Ursin v. Baer dessen interimistisches Kommando, da Oberst v. Kotze bis auf Weiteres mit der Führung der 10. Kavallerie-Brigade beauftragt worden war. Als diesem dann am 24. Juli endgültig das Kommando der 12. Kavallerie-Brigade übertragen wurde, erhielt gleichzeitig der bisherige etatsmäßige Stabsoffizier des Schlesischen Kürassier-Regiments Nr. 1, Major v. Ferentheil, die Ernennung zum Kommandeur des Regiments. Derselbe hatte am 18. Oktober die Ehre, mit der Standarte, die von einem Wachtmeister getragen wurde, der Krönung Seiner Majestät in Königsberg beiwohnen zu dürfen.

An den Kämpfen des Jahres 1864 theilzunehmen, war dem Regiment nicht vergönnt. Niemand aber ahnte, daß dies nur das Vorspiel zu dem großen Kriegsdrama des nächsten Jahrzehnts sein sollte. Durch Allerhöchste Kabinets-Ordre vom 9. August 1864 wurde Oberstlieutenant v. Ferentheil der nachgesuchte Abschied bewilligt, vier Tagen später beauftragte Seine Majestät den Oberstlieutenant Stein v. Kamienski unter Stellung à la suite des Regiments mit dessen Führung.

Am 25. März 1865 waren 50 Jahre verflossen, seit König Friedrich Wilhelm III. von Wien aus die Errichtung des Regiments befohlen hatte. Oberstlieutenant v. Stein gedachte des Tages mit folgenden Worten im Regimentsbefehl:

„Heute vor 50 Jahren geruhten des Hochseligen Königs Majestät Friedrich Wilhelm III. die Errichtung des damaligen 7. Ulanen-Regiments, jetzigen Rheinischen Ulanen-Regiments Nr. 7, zu befehlen. In dem halben Jahrhundert, das seit der Errichtung des Regiments verflossen, hat die Allerhöchste Anerkennung dreier Könige demselben nie gefehlt. Der Geist treuer Pflichterfüllung und Disziplin, der dasselbe durch 50 Jahre auszeichnete, ist Bürge dafür, daß dasselbe auch fernerhin der Fall sein wird.

„Es lebe Seine Majestät König Wilhelm I.!

„Die Feier der Errichtung des Regiments findet mit Allerhöchster Genehmigung Seiner Majestät des Königs nicht heute, sondern auf den Wunsch Seiner Königlichen

Hoheit des Durchlauchtigsten Regimentschefs am 1. Mai statt, und hat Höchstderselbe die Aussicht eröffnet, persönlich derselben beizuwohnen."

Die Zusammensetzung des Offizierkorps am Stiftungstage war folgende:

Chef: General der Kavallerie **Friedrich Großherzog von Baden Königliche Hoheit.**
Kommandeur (mit der Führung beauftragt): Ob. Lt. Stein v. Kamienski.
Major Wright St

Rittm. v. Brozowski	1	Sek. Lt. v. Luck II.	4
· v. Wolffersdorff	4	· · v. Wilcke	1
· v. Woebtke	3	· · Papendick	4
· v. Schmidhals	2	· · v. Heyden	3
Pr. Lt. Frhr. v. Le Fort	1	· · v. Müller I.	2
· v. Waldow	Adj.	· · Bollmann	3
· v. Kotze	4	· · Roesingh	2
· v. Luck I.	1	· · Stumm	4
Sek. Lt. Schmidt	3	· · v. Müller II.	1
· · Schimmelpfennig		· · Kühls	4
v. d. Oye	2		

Portepeefähnriche:
v. Buggenhagen   v. Engelbrecht
Regimentsarzt: Oberstabsarzt Dr. Kallmann
Assistenzarzt Dr. Thelemann
Zahlmeister I. Klasse Richter.

Trotzdem der Stiftungstag vom Tage der Jubelfeier nur fünf Wochen entfernt war, fand doch in dieser kurzen Zwischenzeit eine bedeutsame Veränderung innerhalb des Offizierkorps statt. Durch Allerhöchste Kabinets-Ordre vom 18. April wurde der etatsmäßige Stabsoffizier Major Wright, unter Stellung à la suite des Regiments, zum Adjutanten des Chefs des Generalstabes der Armee ernannt. Seit dem 3. Februar 1839, dem Tage seines Dienstantritts, war er der Uniform treu geblieben, er vertauschte sie erst, nachdem er sie auch noch auf dem österreichischen Kriegsschauplatze getragen, am 2. August 1867 mit der des Generalstabes.

Die Jubelfeier am 1. Mai verlief in ungetrübter Freude. Zahlreich waren die alten Kameraden von Nah und Fern erschienen. Anwesend waren die Generale v. Kotze, v. Graeve, v. Etzel, v. Freistädt, sowie auch der soeben ernannte Brigadekommandeur Oberst v. Below. Am Festmorgen trafen die beiden Schwadronen aus Saarlouis ein, vom Trompeterkorps am Bahnhof empfangen.

Man hatte für beide getrennt das Frühstück bereitet, im ganzen übrigen Verlauf des schönen Tages aber blieben alle vier Schwadronen des Regiments vereint. Um dies zu ermöglichen, war die Reitbahn mittels eines verdeckten Anbaues vergrößert und durch eben diesen mit der Turnhalle des Saarbrücker Turnvereins verbunden. Der gesammte auf diese Weise gewonnene Raum war auf das Glänzendste hergerichtet und harrte nun gegen Mittag seiner Gäste.

Leider war es dem Regiment nicht vergönnt, zum eigenen Wiegenfeste den hohen Chef, Seine Königliche Hoheit den Großherzog, an seiner Spitze zu sehen. Zu seiner Vertretung hatte Höchstderselbe den Kommandeur seiner Reiterbrigade, General v. Freistädt, entsandt. So besichtigte denn der Regimentskommandeur, gefolgt von allen Denen, welche zur Feier erschienen waren, die in Parade aufgestellten Schwadronen, um demnächst auch den Vorbeimarsch in Zügen abzunehmen. Es folgte die Speisung der Unteroffiziere und der Ulanen, das Liebesmahl des Offizierkorps mit seinen Ehrengästen und endlich der Ball der Mannschaften.

Das Musikprogramm für das Diner zeigt als erste Nummer den „Parademarsch für das Rheinische Ulanen-Regiment Nr. 7, zur Feier seines 50jährigen Bestehens komponirt vom Grafen v. Nedern". Später folgt der „Fackeltanz zur hohen Vermählungsfeier des Großherzogs von Baden mit Ihrer Königlichen Hoheit der Prinzessin Luise von Preußen, komponirt vom Herzog von Koburg", und endlich macht ein „Jubiläumsmarsch, komponirt und Seiner Königlichen Hoheit dem Großherzog von Baden alleruntertänigst gewidmet vom Stabstrompeter des Regiments A. Wagner" den Schluß.

Nach dem ersten Trinkspruch des Tages, dem Hoch auf Seine Majestät, wurde an Allerhöchstdenselben ein Telegramm abgesandt, worauf noch am nämlichen Abend die Antwort eintraf:

Dem Oberstlieutenant und Regimentskommandeur
v. Stein.

Mit Meinem Dank für Toast und Regimentsgeschichte spreche Ich dem Regiment die Theilnahme zum heutigen Tage aus.
(gez.) Wilhelm.

Zur bevorstehenden Feier war eine Zusammenstellung der kriegerischen Thätigkeit des Regiments nebst vollständiger Zu- und Abgangsnachweisung, sowie der verschiedenen Ehrentafeln gemacht worden, um hierauf Seiner Majestät überreicht zu werden. Ein Exemplar dieses Werkes in Imperial=Format mit prachtvollem farbigen Umschlage befindet sich noch in der Offizier=Bibliothek des Regiments.

Am nächsten Tage, dem 2. Mai, verließen die meisten der Generale Saarbrücken, ihnen folgten allmählich alle die alten Kameraden, die schöne Erinnerung an die verlebten Stunden mit in die Heimath nehmend. Zwei derselben, Calixt Prinz Biron von Curland und Generalmajor v. Graeve, hatten ihrem lebhaften Interesse am Wohlergehen des Regiments durch eine Stiftung von je 1000 Thalern Ausdruck gegeben. Die Zinsen hatte Ersterer für bedürftige Unteroffiziere des Regiments, Letzterer zur einen Hälfte für solche der 2. Eskadron, zur anderen als Belohnung für hervorragende Kriegsthaten bestimmt. Die Statuten der Stiftungen wurden den Mannschaften auf Appell vorgelesen.

Seine Königliche Hoheit der Großherzog hatte schon zehn Jahre früher, am 3. Dezember 1855, die Gnade gehabt, dem Regiment die Summe von 500 Thalern, für invalide Unteroffiziere und Mannschaften bestimmt, zu überweisen. —

Vor fünfzig Jahren war das Regiment am Vorabende großer kriegerischer Ereignisse gegründet worden. Sein Wiegenfest fiel zusammen mit dem Beginn der neuen kriegerischen Zeit.

Vierter Abschnitt.
1866.

Der Streit um die Elbherzogthümer, welche 1864 von Preußen und Oesterreich in gemeinsamem Kampfe für Deutschland wieder gewonnen waren, sollte zwei Jahre später den Anlaß zum Bruche zwischen den ehemals Verbündeten geben und damit auch eine Neugestaltung der deutschen Verhältnisse herbeiführen.

Im Jahre 1864 hatte das Regiment die Rolle des unthätigen Zuschauers spielen müssen. Das kleine Kriegstheater mit seiner schmalen Front bot keinen Raum für die Entwickelung großer Massen; gerade daran aber, an einem geräumigen Schauplatz für die strategischen Operationen, sollte es bei dem nunmehr folgenden Zusammenstoß nicht fehlen.

Am 10. März wurde in Wien der erste Marschallsrath berufen, der eine erhöhte politische und militärische Thätigkeit zur Folge hatte. Vom Bunde erwartete Oesterreich die Mobilisirung des 7., 8., 9. und 10. Korps, während es selbst noch im Laufe des Monats 71 Bataillone, 44 Eskadrons und 33 Batterien an die Grenze Schlesiens entsandte. Diese vollendeten Thatsachen mußte Preußen mit einer theilweisen Mobilmachung seiner Truppen beantworten, um so mehr, als auch Sachsen und Württemberg eifrig zum Kriege rüsteten. Gleichwohl wurden die Versuche einer friedlichen Lösung weiter fortgesetzt, bis endlich die fortgesetzten Kriegsrüstungen Oesterreichs Seine Majestät am 3. Mai zur Mobilisirung der gesammten Kavallerie und Artillerie, sowie der Infanterie von fünf Armeekorps zwangen.

Sonntag, der 6. Mai, wurde als erster Mobilmachungstag festgesetzt. Am nämlichen Tage konnte das Regiment das Eintreffen der Mobilmachungs-Ordre dem Generalkommando melden. Nachdem alsdann die 1. und 2. Eskadron Befehl erhalten hatten, am vierten Mobilmachungstage aus Saarlouis in Saarbrücken einzutreffen, ordnete am 7. das Regiment das Nöthige zur Formation der Ersatz-Eskadron an. Die Kriegs-Rangliste des Feld-Regiments (siehe S. 45) mit den Personalpapieren von Lieutenant v. Luck II., Oberstabsarzt Dr. Steinbicker und Dr. Thelemann, welche abkommandirt waren, wurde der Brigade eingereicht. Da das Regiment eine Ersatz-Eskadron von 150 Pferden auszuscheiden hatte, so mußten zur vollen Erreichung des Kriegsetats 247 Pferde durch freihändigen Ankauf beschafft werden. Am 9. Mai wurde daher von Rittmeister v. Wolffersdorff zu Saarbrücken ein Pferdemarkt abgehalten, während außerdem Abnahmekommissare nach Andernach und Neuwied entsandt wurden. Tags darauf wurden die für das Regiment angekauften Pferde in Saarburg, Merzig, Kreuznach, St. Wendel und Ottweiler empfangen, worauf die endgültige Aufstellung der Ersatz-Eskadron erfolgen konnte.

Am 11. nahm das Mobilmachungsgeschäft seinen weiteren planmäßigen Fortgang, die Pferde-Abnahmekommission für Saarbrücken begann ihre Thätigkeit; Abends 8 Uhr trafen die ersten Trainsoldaten und Reserven aus Saarlouis und Trier ein. Nachdem diese am nächsten Morgen vertheilt worden waren, folgten alsbald die Mannschaften aus Aachen, Malmédy, Jülich, Köln, Brühl, Siegburg, Neuwied, Andernach und Simmern, worauf die ganze folgende Woche bis zum Freitag mit deren Vertheilung und Einkleidung und endlich auch dem Vertheilen der Reservisten aus Hohenzollern hinging.

Inzwischen war die gesammte Feldarmee aufgeboten worden, ohne daß indessen eine der betheiligten Mächte schon an die Eröffnung der Feindseligkeiten gedacht hätte. Gleichwohl fuhren am 19. und 20. Mai die Eskadrons einzeln mittels Sonderzuges nach Coblenz, in dessen nächster Nähe Ortsunterkunft bezogen wurde. Das Regiment trat aus dem Verbande der 16. Kavallerie-Brigade und bildete im Verein mit dem Rheinischen Kürassier-Regiment Nr. 8 die Reserve-Kavallerie-Brigade unter dem Befehl des Generalmajors v. Koze. Da währenddessen die diplomatischen Verhandlungen noch immer zu keinem Abschlusse gekommen waren, so begannen nunmehr die Eskadrons, deren Pferdebestand allmählich vollzählig geworden war, in der Nähe ihrer Unterkunfts-

orte zu exerziren. Natürlich mußte dabei auf die eingestellten Er=
satzpferde Rücksicht genommen werden, doch machten dieselben im
Allgemeinen weniger Schwierigkeiten, als die Schwadronchefs erwartet
hatten. Am 23. Mai wurde Lieutenant v. Barnekow zur Ersatz=
Escadron kommandirt, während die Lieutenants Rösingh und
Stumm zum mobilen Regiment übertraten. Am 24. und 26. Mai
exerzirten die einzelnen Escadrons, worauf man am 28. den Regiments=
stab nach Coblenz verlegte und die Schwadronen möglichst nahe an
die Eisenbahn heranschob. Am Abend des 29. wurden sodann der
Stab und die 1., 2. und 3., am 30. Morgens die 4. Escadron
verladen, und am 31. trafen die einzelnen Theile des Regiments in
Halle ein. Unmittelbar vor der Abfahrt war Rittmeister v. Schmid=
bals von einem Pferde aus Schienbein geschlagen worden, und an
seiner Stelle übernahm zunächst Premierlieutenant v. Schimmel=
pfennig, später Premierlieutenant v. Kotze die Führung der
2. Escadron.

Bei Halle wurden die Escadrons in 15 einzelnen Kantonnements
untergebracht. Nachdem man sich in denselben nothdürftig eingerichtet
hatte, wurde am 2. Juni da, wo die Bodenverhältnisse es gestatteten,
exerzirt, während, wo dies nicht der Fall war, die Escadrons Feld=
dienst übten.

Am 5. Juni waren die letzten Truppentransporte an der
märkisch=sächsischen und an der schlesisch=böhmischen Grenze einge=
troffen, doch mußten zur Bewerkstelligung eines regelmäßigen Auf=
marsches noch zahlreiche Verschiebungen längs der genannten Grenzen
vor sich gehen. Da hierbei sächsisches Gebiet nicht betreten werden
durfte, so war eine gleichzeitige Vorwärtsbewegung ausgeschlossen.
Das Regiment kam daher meist in Quartiere, die bis dahin von
anderen Truppentheilen belegt gewesen waren.

Schon am 4. Juni waren die Escadrons aus ihren Unter=
kunftsorten bei Halle aufgebrochen, am 5. Abends kam der Stab in
Hohen=Prießnitz, am 8. in Roitsch an; den 6. und 7. war wieder
exerzirt worden. Am 9. mußte die Elbe überschritten werden, und
zwar auf einer Fähre, die nur immer 23 Pferde gleichzeitig fassen
konnte. Da das jedesmalige Hin= und Herfahren anfangs eine halbe
Stunde, später immerhin noch 20 Minuten in Anspruch nahm, so
dauerte der Uebergang des Regiments volle 9 Stunden, von 7 Uhr
Morgens bis Nachmittags 4 Uhr.

Mit der schon oben erwähnten Ernennung des Premierlieutenants v. Kotze zum Führer der 2. Eskadron, welche an diesem Tage erfolgte, waren die Veränderungen der Kriegs-Rangliste abgeschlossen und die Offiziere, wie folgt, vertheilt:

Stab:

Kommandeur: Ob. Lt. Stein v. Kamienski.
Etatsmäßiger Stabsoffizier: Major v. Lüderitz.
Adjutant: Pr. Lt. v. Müller I.
Zahlmeister: Levig.

1. Eskadron:
Rittm. v. Brozowski.
Pr. Lt. v. Luck I.
Sek. Lt. v. Luck II.
= = v. Müller II.
= = v. Buggenhagen.

2. Eskadron:
Pr. Lt. v. Kotze.
Sek. Lt. Rösingh.
= = v. Buchwaldt (Landwehr).
= = Jouanne.

3. Eskadron:
Rittm. Frhr. v. Le Fort.
Pr. Lt. v. Schimmelpfennig.
Sek. Lt. Papendick.
= = Kühls.
= = Fleischhammer.

4. Eskadron:
Rittm. v. Wolffersdorff.
Pr. Lt. Schmidt (Landwehr).
Sek. Lt. Müller (Landwehr).
= = Stumm (Landwehr).
= = v. Engelbrecht.

Am Abend des 9. war der Regimentsstab nach Prettin gelangt, am 10. kam er nach Laxdorf. Während in den Elbherzogthümern jetzt die Dinge unaufhaltsam der Entscheidung näher rückten, mußten die Truppen an der sächsischen Grenze ihre Friedensübungen weiter treiben. Ja sogar, nachdem am 12. der österreichische Gesandte von Berlin abgereist, der Kriegszustand somit thatsächlich eingetreten war, blieb für den 13. und 14. Alles beim Alten. Noch hatte sich Sachsen nicht entschieden, und es war daher seine Landesgrenze unverletzlich.

Endlich fiel auch hier die ersehnte Entscheidung. Sachsen wies den preußischen Neutralitätsvorschlag zurück, Hannover und Kurhessen weigerten sich, befriedigende Erklärungen abzugeben. In der Nacht vom 15. zum 16. erklärten die preußischen Gesandten sämmtlichen drei Mächten den Krieg.

Noch rechtzeitig war vom Oberkommando die für den 15. angesetzte Divisionsbesichtigung abbestellt worden, statt des kommandirenden Generals sollte der Feind die Kriegstüchtigkeit der Division erproben.

Die diplomatische und die hierdurch gebotene strategische Lage hatten die Aufstellung einer einzigen preußischen Armee bei Görlitz, wo dieselbe gleichzeitig Berlin und Breslau hätte decken können, unmöglich gemacht. Denn abgesehen davon, daß man bis zum letzten Augenblick nicht wußte, wer schließlich Freund, wer Feind in dem bevorstehenden Kampfe sein würde, mußte man den Augenblick des Losschlagens von dem Gange der diplomatischen Verhandlungen abhängig machen, wollte man nicht von vornherein auf alle noch möglichen günstigen Verhältnisse verzichten. Nahezu die gesammten preußischen Streitkräfte aber auf einem Punkte, hart an der Grenze, im eigenen Lande Wochen, ja, wie es erforderlich gewesen wäre, Monate lang zu verpflegen, das war und blieb trotz aller getroffenen Vorbereitungen unmöglich. Es mußte daher zur Aufstellung von drei Armeen an der sächsischen und böhmischen Grenze geschritten werden, von welchen die II. in Schlesien, die I. in der Lausitz sich zu versammeln hatte. Den rechten Flügel der letzteren verlängerte sodann die Elb-Armee, welche unter dem Befehle des Generals der Infanterie Herwarth v. Bittenfeld aus dem 8. Armeekorps und der 14. Division bestand. Da die Benutzbarkeit der strahlenförmig in Dresden zusammentreffenden direkten Eisenbahnlinien mit der preußisch-sächsischen Grenze aufhörte, so wurde die 14. Division über Paderborn und Kassel gegen die Grenze gesandt, um hart an derselben um Zeit herum versammelt zu bleiben. Das 8. Armeekorps war, wie wir gesehen haben, aus seiner Versammlung bei Coblenz nach Halle befördert worden. Am 6. Juni trat alsdann der Zeitpunkt ein, wo der Aufmarsch der preußischen Armeen thatsächlich beendet und derjenige der österreichischen, welcher anfangs um Wochen voraus gewesen, überholt war. Preußen indeß wollte trotz dieses entschiedenen Vortheils die Möglichkeit einer friedlichen Lösung in letzter Stunde nicht ausschließen, und so begnügte man sich denn für die nächste Zeit mit einer Linksschiebung der I. und der Elb-Armee, wodurch dieselben den in Schlesien stehenden Truppen genähert wurden.

Endlich, am 14. Juni, nachdem die feindlichen Bundesbeschlüsse gegen Preußen gefaßt worden waren, entschlossen sich Seine Majestät, den Krieg, der unvermeidlich geworden war, mit allem Nachdruck offensiv zu beginnen.

General v. Herwarth, der für seine Person in Torgau sich befand, erhielt vom Chef des Generalstabes der Armee am 15. Juni die Nachricht, es würde der Einmarsch in Sachsen voraussichtlich am nächsten Tage erfolgen. Daraufhin erhielt das Regiment Mittags um 1 Uhr den Befehl, im Verbande der 16. Division Biwak bei Burxdorf zu beziehen; die 1. Eskadron wurde zur Füsilier-Brigade, Oberst v. Wegener, die 2. zur 31. Infanterie-Brigade, General v. Schöler, abkommandirt. Der Stab biwakirte mit der 3. und 4. Schwadron zwischen Brottewitz und Burxdorf. Da die 14. und 15. Infanterie-Division sich auf dem linken Elb-Ufer befanden, so wurde mit den Pontons des 2. Armeekorps zum Zweck einer schleunigen Verbindung eine Brücke bei Lösnig geschlagen.

Noch waren von dem 1. Reserve-Armeekorps, das die Elb-Armee verstärken sollte, nur die vordersten Staffeln bei Röderau eingetroffen. Von den sächsischen Truppen wußte man weder, wo dieselben zur Zeit sich befanden, noch auch ob sie durch das österreichische 1. Armeekorps verstärkt worden waren. Gleichwohl wurde, nachdem um Mitternacht die diplomatische Entscheidung gefallen war, in den ersten Morgenstunden des 16. Juni der Vormarsch angetreten. Nachts um 1 Uhr ertönte bei der 4. Eskadron das Alarmsignal, dieselbe sollte selbstständig erkundend gegen die sächsische Grenze vorgehen. Ihr wurde auf diese Weise die Ehre zu Theil, von allen für den böhmischen Kriegsschauplatz bestimmten Truppen zuerst das feindliche Gebiet zu betreten.

Um 4 Uhr verließ das Regiment — wieder im Verbande der 16. Division — sein Biwak, um Morgens 6 Uhr in seiner Gesammtheit die sächsische Grenze zu überschreiten. Dasselbe war mit dem heutigen Tage der 16. Division als Divisions-Kavallerie-Regiment zugetheilt worden. Die Avantgarde der Armee erreichte bis zum Abend Johannishausen, während die Divisionen, auf Parallelstraßen einzeln vorrückend, bis nach Zöschau, Seehausen und Riesa gelangten. Das Regiment verblieb in Merzdorf, Gröba und Böhra, drei kleinen Ortschaften, in unmittelbarer Nähe von Riesa gelegen. Zum ersten Male verbreitete sich hier die Nachricht, es sei Dresden von seiner Garnison geräumt, die sächsischen Truppen befänden sich im Marsch auf Pirna. Man konnte sich daher nicht wundern, wenn nichts vom Feinde zu sehen war, doch durften gleichwohl die nöthigen Sicherheitsmaßregeln nicht außer Acht gelassen werden.

Für den 17. war die 1. Eskadron bei der Avantgarde, die 2. beim Gros, die 3. und 4. bei der Reserve eingetheilt. Der Divisionsstab nahm sein Quartier in Meißen, während die 1. Eskadron Ortsunterkunft in Piskowitz bezog, der Rest des Regiments bei

Wölfitz biwakirte. Infolge der Nachricht über den Verbleib der sächsischen Truppen war man auf ein Zusammentreffen mit dem Feinde nicht eben vorbereitet, als plötzlich die 3. und 4. Schwadron durch die Meldung alarmirt wurden, eine unter dem Kommando des Lieutenants v. Müller II. von der 1. Eskadron ausgestellte Feld=wache habe Feuer erhalten. Die Schüsse waren jedoch irrthümlicher=weise von einer Patrouille des Königs=Husaren=Regiments abgegeben worden. Die Schwadronen zogen sich also wieder zurück, um in Jesseritz und Gasern Ortsunterkunft zu beziehen. In Jesseritz, wo gleichzeitig der Stab einquartiert war, lief noch am Abend ein Befehl vom Generalkommando des 8. Armeekorps ein, durch welchen Lieu=tenant Stumm bis auf Weiteres als Ordonnanzoffizier zu diesem kommandirt wurde.

Am 18. Juni marschirte die 14. Division nach Leinbach und Tannenberg, die 15. gegen Kesselsdorf, während die 16. Division unter Generallieutenant v. Etzel sich um 8 Uhr Morgens bei Meißen sammelte, um zunächst gegen Wildercey vorzurücken. Hier traf nach einem längeren Halt der Befehl ein, den Marsch in der Richtung auf Dresden fortzusetzen. Unterwegs wurde nochmals gehalten, gegen 4 Uhr ging es weiter, und geschlossen rückte das Regiment, vor Seiner Excellenz dem General der Infanterie Herwarth v. Bitten=feld vorbeimarschirend, mit klingendem Spiel und fliegender Standarte in Dresden ein. Das Regiment bezog die Gardereiter=Kaserne, bis auf zwei Züge der 2. Eskadron, welche schon während des Ein=marsches als Patrouillen entsandt gewesen waren und jetzt in Roß=thal und Puckritz untergebracht wurden.

Dieser erste unblutige Waffenerfolg war zwar leicht erkauft ge=wesen, trotzdem entschädigte er einigermaßen für die seit sechs Wochen vergeblich gehegte Erwartung kriegerischer Lorbeeren. Die Ent=behrungen wurden von den Mannschaften mit erneuter Frische er=tragen, denn materiell war für das Regiment auch heute nicht gut gesorgt, trotzdem sich die Einwohner im Allgemeinen entgegenkommend verhielten.

Das ganze Königreich lag nun mit seinen reichen Hülfsquellen dem preußischen Einmarsch offen, denn die sächsische Armee, die von der österreichischen keine Unterstützung erhalten, hatte bei der ent=schiedenen Ueberlegenheit, welche ihr gegenübertrat, ohne Kampf den heimathlichen Boden räumen müssen. An eine Behauptung des Landes durfte gleichwohl preußischerseits jetzt nicht gedacht werden, da es galt, so rasch als möglich die Vereinigung mit der I. Armee zu bewirken. Diese hattte selbst bereits eine Verbindung hergestellt, indem zwei ihr unterstellte Regimenter, das Husaren-Regiment Nr. 6 und das Ulanen-Regiment Nr. 4 über Bischofswerda Dresden erreicht hatten.

Einstweilen konnte den Truppen bis zum Abend des 19. Ruhe gewährt werden, nur blieb die Nacht hindurch ein Zug stets marschbereit, während in stündlicher Ablösung Patrouillen gegen Bautzen, Pillnitz und Radeberg aufklärten. Ferner war jetzt die Straßenverbindung von Dresden nach Böhmen auf dem rechten Elb-Ufer unter allen Umständen zu halten. Wurde zwar behufs Kräfteersparniß das gesammte Gebiet westlich des Stromes aufgegeben, so mußte doch Dresden selbst besetzt bleiben und gegen einen etwa von Westen her drohenden Angriff gesichert werden. Es rückten daher, nachdem am Abend des 19. um 9 Uhr die 4. Eskadron zu einer Erkundung vorgeschickt worden war, 1½ Stunden später die 1. und 3. Schwadron in aller Stille über die Brücke nach der Altstadt. Dort blieben sie vollständig gesattelt bis Morgens 8 Uhr auf dem Dohna-Platz halten, während zwei Züge der 2. Eskadron zur Bedeckung der Bagage und zur Aufklärung nach links vorwärts in der Neustadt zurückgeblieben waren. Jetzt wurde die 1. Schwadron gegen den böhmischen Bahnhof vorgesandt, um 9 Uhr erhielt die 3. Befehl, nach der Neustadt zurückzukehren; die ganze Division überschritt wieder die Brücke und ging auf der Straße nach Stolpen vor.

Durch Allerhöchsten Befehl vom 19. war die Elb-Armee mit der I. Armee vereint und General v. Herwarth an die Befehle des Prinzen Friedrich Karl gewiesen worden. Die I. Armee konnte zunächst die Grenze nicht überschreiten, und da am rechten Ufer keine Straße längs der Elbe führt, die Sächsische Schweiz aber für größere Truppenmassen nicht zu durchschreiten ist, so mußte General v. Herwarth, wollte er sich nicht zu dem Umwege über Rumburg und Schönlinde entschließen, um nach Böhmen zu gelangen, die Straße über Stolpen einschlagen. In der Nähe dieses Ortes wurde denn auch am Abend des 20. Biwak bezogen. Das Regiment erhielt, Abends um 9 Uhr, einen sehr ungünstigen Platz, eine nasse Wiese, auf der die Pferde, die seit 23 Stunden unter dem Sattel gewesen waren, eine recht schlechte Ruhe für die Nacht fanden.

Bei drückender Sonnenhitze wurde am 21. der Marsch fortgesetzt. Es galt, sich zwischen der Sächsischen Schweiz und dem

Lausitzer Gebirge hindurch zu winden, und hierbei stand für die ganze Elb=Armee nur eine einzige Straße zur Verfügung. Trotz der größten Anstrengungen konnten auf diese Weise nicht mehr als 16 km täglich zurückgelegt werden. Um 1½ Uhr bezog das Regiment Biwak, und zwar die 1. Schwadron bei der Avantgarde, die 2. und 3. westlich Polenz rechts der Straße nach Neustadt, während die 4., seit sie am 19. entsandt worden, noch nicht wieder beim Regiment eingetroffen war.

Abends 11½ Uhr traf die Nachricht ein, der Krieg an Oesterreich sei erklärt, und es solle daher die Elb=Armee in zwei Kolonnen in Böhmen einrücken. In Wirklichkeit ist bekanntlich eine förmliche Kriegserklärung an Oesterreich nicht erfolgt, da durch den Bundesbeschluß vom 14. Juni der Krieg gegen Preußen bereits ausgesprochen war. Nur wurde am 23. Juni früh den feindlichen Vorposten durch Parlamentäre die Nachricht gegeben, „daß durch das Verfahren Oesterreichs zu Frankfurt der Kriegszustand faktisch ausgebrochen sei, die preußischen Truppen daher die Weisung erhalten hätten, demgemäß zu handeln".

Am Morgen des 22. rückte das Regiment um 4½ Uhr aus seinem Biwak, und es traten drei Eskadrons zur Avantgarde der 16. Division, während die 4. bei der nachfolgenden Füsilier=Brigade verblieb. Abends wurde bei Nixdorf biwakirt, und weiter ging es dann am 23. über Zeidler nach Schönlinde. Die Sonnenhitze hatte heute nachgelassen, es fiel ein starker Regen, der Mann und Pferd erfrischte. Leider regnete es nun aber ununterbrochen weiter, so daß das Biwak der folgenden Nacht äußerst unangenehm wurde. — Nachmittags um 4 Uhr wurde Lieutenant Papendick mit einer schwachen Patrouille gegen das Dorf Böhmisch=Kamnitz entsandt, in dessen Nähe er auf eine feindliche Abtheilung von etwa 15 bis 20 Husaren stieß. Trotz der starken feindlichen Ueberlegenheit ging er zur Attacke vor, und anfangs schien es, als sollten jetzt schon die Lanzen sich ebenso, wie 4 Jahre später, bewähren. Der Kampf war jedoch zu ungleich, Lieutenant Papendick mußte sich zurückziehen, und nun verfolgten ihn die feindlichen Reiter eine lange Strecke, ohne ihm jedoch Verluste beibringen zu können.

Unter strömendem Regen ging es am 24. immerfort durchs Gebirge weiter über Falkenhayn, Kreibitz, Georgenthal, Innocenzidorf und Antonienhütte nach Röhrdorf, wo wiederum Biwak bezogen wurde. Die Wege waren ganz außerordentlich schlecht gewesen, und schon begann die Widerstandsfähigkeit der Pferde, besonders auch unter dem Einfluß der schlechten Biwaks, nachzulassen. Bei allen Schwadronen mußten heute wegen Kreuzlähme mehrere von den Kriegs=Ersatzpferden erstochen werden. Die 4. Eskadron verblieb auch noch für die Nacht bei der Füsilier=Brigade, die 2. und 3. befanden sich im Gros der Division Etzel, während die 1. für die Nacht auf Vorposten kommandirt wurde.

Bei der I. Armee fand heute das erste kleinere Kavalleriegefecht statt, das schließlich durch das Eingreifen der preußischen Infanterie entschieden wurde. Bei den Vorposten der Elb=Armee war indessen nichts vom Feinde zu bemerken, und so konnte diese denn auch am 25., an welchem Tage die 1. Schwadron in der Avantgarde durch die 3. abgelöst wurde, den Marsch ungehindert fortsetzen. Noch immer waren die Wege steinig und schlecht, und mehr denn je sehnten sich die Ulanen nach dem Augenblick, da nach so langer Zeit wieder sich die Ebene vor ihnen aufthun sollte. Endlich wurde dieser Wunsch erfüllt. Am 25. gewann die gesammte Armee das freie Feld, das Heraustreten aus dem Lausitzer Gebirge war geglückt, der Kriegsschauplatz ohne Schwertstreich in Feindesland verlegt. Die Elb=Armee biwakirte in der Umgegend von Gabel, wobei das Regiment hart an das Dorf Brims herangelegt wurde. Die Entfernung von der I. Armee, welche sich bei Reichenberg befand, betrug kaum mehr als 20 km, die Armeen waren somit thatsächlich vereinigt.

Auf dem ganzen Marsche waren wenige Husaren=Patrouillen das Einzige gewesen, was man vom Feinde bemerkt hatte. Wenn auch die österreichische Ordre de bataille in großen Zügen der preußischen obersten Heeresleitung bekannt war, so vermuthete doch Niemand, daß Feldzeugmeister Benedek, der am 10. Juni in Mähren stand, bis zum 17. dort verbleiben würde. Auf preußischer Seite glaubte man vielmehr, jetzt wenigstens hinter der Jser bedeutenden Widerstand zu finden, indem irrthümlich angenommen wurde, daß außer den sächsischen Truppen und dem 1. österreichischen Armeekorps sich auch das 2. Korps dort befände. Die Elb=Armee sollte daher noch näher an die I. herangezogen werden, ehe man gegen diesen starken Abschnitt vorging. Ihr wurden für den 26. Niemes und Oschitz als Marschziele angewiesen.

Daraufhin befahl General v. Herwarth, es sollte Generalmajor v. Schoeler die vordersten Abtheilungen seiner Avantgarde bis gegen Hühnerwasser und Hirschberg vorschieben, während die 15. und 16. Division bis Niemes und Bartzdorf zu folgen, die 14. sich auf Oschitz zu bewegen hatte. Die Folge dieser Maßnahmen war das Gefecht bei Hühnerwasser, in welches jedoch lediglich die Avantgarde verwickelt wurde, und das erst gegen Abend beim Regiment gerüchtweise bekannt wurde. Die ganze Division hatte enge Kantonnements bezogen, das Regiment lag in Bartzdorf, Grünau und Kamnitz. Da am nächsten Morgen die Avantgarde in Hühnerwasser blieb, so konnte auch die 16. Division nicht weiter vorgehen. Während der Ruhe fand allgemeiner Gottesdienst statt, links der Straße nach Niemes für die Evangelischen, rechts für die Katholiken. Niemand ahnte, welche Schlachten schon in diesem Augenblick von der II. Armee geschlagen wurden.

Gegen Abend wurde die 3. Schwadron als Vorposten-Eskadron vorgeschickt, die 2. nach Niemes, die 1. nach Bartzdorf verlegt. Am letzteren Ort wurde die ganze Division zusammengezogen, während sich auch bei den übrigen Divisionen die Bewegungen als ein Aufrücken der Streitkräfte, behufs engerer Versammlung an der Iser, darstellten. Für den 28. hatte Prinz Friedrich Karl einen Angriff auf Münchengrätz beschlossen, und da dies aller Voraussicht nach sehr stark vom Feinde besetzt sein mußte, so erhielt General v. Herwarth den Befehl, seinen Marsch mit dem 8. Armeekorps von Niemes so einzurichten, daß er um 9 Uhr früh die Stellung von Münchengrätz angreifen könne. Zur Unterstützung dieses Angriffs sollte Graf Münster mit der 14. Division vorgehen und um 9 Uhr früh bei Mohelnic die Iser überschreiten.

Demgemäß brach General v. Schoeler um 4½ Uhr früh mit der Avantgarde von Hühnerwasser auf, es folgte die 15. Division, die Reserve-Artillerie, und endlich die 16. Division. Das Regiment sah beim Durchmarsch durch Hühnerwasser noch deutliche Spuren des Gefechts vom 26., zahlreiche todte österreichische Infanteristen und Jäger, auch einen ungarischen Husaren sowie umherliegende Bekleidungs- und Ausrüstungsstücke. Um 8 Uhr wurde von der Iser her der erste Kanonendonner hörbar, die Avantgarde hatte den Uebergang über den Fluß erzwungen und ging nun zum Angriff gegen Münchengrätz vor. Als später die Division im Dorfe Weisleim ankam, begegneten ihr schon zahlreiche Wagen mit Verwundeten, und immer näher kam die Stelle, da die Entscheidung fiel. Gleichwohl war es dem Regiment abermals nicht vergönnt, am Gefecht selbst thätigen Antheil zu nehmen. Bis 4 Uhr blieb die Division auf dem linken Ufer in Reserve stehen, nachdem schon in der ersten Nachmittagsstunde der Kampf in Wirklichkeit entschieden war. Als nunmehr das Regiment Befehl erhielt, in den Dörfern Kloster, Haber und Weisleim Kantonnements zu beziehen, fand man in letzterem Ort die Brunnen mit Mist zugeworfen, so daß infolge dessen kein Wasser zu genießen war. Gegen 200 österreichische Gefangene mußten bis zum Abend im Dorfe bewacht werden, worauf sie durch Lieutenant Fleischhammer nach Münchengrätz abgeliefert wurden.

Am 29., Morgens 7 Uhr, erhielt Prinz Friedrich Karl aus Berlin den telegraphischen Befehl, „durch beschleunigtes Vorrücken die II. Armee zu degagiren, welche trotz einer Reihe siegreicher Gefechte sich augenblicklich in einer schwierigen Lage befände". Die an der Spitze befindlichen Divisionen der I. Armee brachen daher um Mittag auf, worauf die hinteren gegen Abend auf denselben Straßen folgen konnten. Die I. Armee schlug das siegreiche Gefecht bei Gitschin und hatte damit die ihr zugefallene Aufgabe, die II. Armee zu entlasten, im Sinne der Oberleitung gelöst. Die Elb-Armee mußte sich nun aber, um Platz zu gewinnen, halbrechts herausziehen. Das Regiment brach um 3 Uhr auf, marschirte am rechten Ufer der Iser stromabwärts bis Kleina Wisel, überschritt hier den Fluß und biwakirte bei Backofen.

Die weiteren Befehle wurden den Armeeführern unmittelbar von Seiner Majestät gegeben. Der König begab sich am Morgen des 30. von Berlin nach Böhmen zur Armee, doch noch von Kohlfurt aus erhielt Prinz Friedrich Karl telegraphisch die Weisung, „ohne Aufenthalt in der Richtung auf Königgrätz vorzugehen". Größere Streitkräfte in der rechten Flanke dieses Vormarsches sollte General v. Herwarth angreifen und von der feindlichen Hauptmacht abdrängen. Schon vor Eingang dieses Befehls hatte der Prinz, um sich der II. Armee mehr zu nähern, seinen Vormarsch in der angegebenen Richtung begonnen, während die Elb-Armee in zwei Kolonnen über Fürstenbrück auf Sobotka und über Brizesno auf Pfinitz aufgebrochen war. Das Regiment hatte um 5½ Uhr sein Biwak verlassen, war durch Backofen durchmarschirt und hatte dann in Brizesno eine Stunde gehalten. Auf dem Weitermarsch mußten zahllose Patrouillen gestellt werden, die 1. Eskadron war infolge dessen bis auf einen kleinen Rest des dritten Zuges aufgelöst. Die 4. Schwadron wurde zur Füsilier-Brigade kommandirt, und ein Zug derselben hatte den Transport der der Division gehörigen Ochsen zu leiten. Gegen 4 Uhr Nachmittags hatte die Avantgarde v. Schoeler Libau erreicht, das Regiment bezog im Verbande der 16. Division Biwak bei Rokitan. Sämmtliche Märsche waren heute ausgeführt worden, ohne daß eine Abtheilung auf den Feind gestoßen wäre.

Aehnlich erging es an den beiden folgenden Tagen, denn in der Nacht vom 30. Juni zum 1. Juli meldete der Feldzeugmeister Benedek telegraphisch dem Kaiser seinen Entschluß, den Rückzug in der Richtung auf Königgrätz anzutreten. Preußischerseits wurde also ununterbrochen weiter marschirt, zumal bereits der französische Botschafter Benedetti seine Ankunft im preußischen Hauptquartier angemeldet hatte; ein Stocken der militärischen Bewegungen aber vergrößerte mehr als alles Andere die Gefahr einer diplomatischen Intervention. — Die 16. Division marschirte von Mittags 1 Uhr bis 9½ Abends, um darauf die Nacht im Biwak bei Jeinowes zu verbringen.

Da man preußischerseits den Feind hinter der Elbe, zwischen den Festungen Josephstadt und Königgrätz, vermuthete, so blieben am 2. Juli die I. und II. Armee im Allgemeinen in ihren Stellungen, mit welchen sich nunmehr die Elb-Armee auf gleiche Höhe setzen konnte. Für 6¾ Uhr war der Abmarsch des Regiments befohlen, derselbe verzögerte sich indessen bis 9, worauf um 12 Uhr die ganze Division bei Hochweseln Biwak bezog.

Am Abend wurden jedoch die ersten österreichischen Abtheilungen rechts der Elbe gemeldet, und alsbald stellte man nun die Aufstellung der Sachsen und dreier österreichischer Armeekorps mit 10 Kavallerie-Regimentern und zahlreicher Artillerie zwischen Elbe und Bistritz fest. Zwischen 6 und 7 Uhr langten diese Nachrichten im Hauptquartier der I. Armee an; sofort befahl Prinz Friedrich Karl für den nächsten Morgen den Angriff der I. Armee gegen Sadowa. General v. Herwarth sollte so stark als möglich parallel mit der Richtung des Hauptvorstoßes aufs Schnellste die Bistritz bei Nechanitz erreichen. Der General befahl darauf der Avantgarde, über Striwan, Kralic und Kobilitz auf Nechanitz zu marschiren; ihr folgte die Division Etzel, während Generallieutenant v. Canstein in der rechten Flanke über Prasek, General Graf Münster links über Podolib auf Lobin dirigirt wurde.

Obgleich der Marschbefehl bei der 16. Division erst gegen 2 Uhr anlangte, konnte dennoch die befohlene Aufbruchszeit — 3 Uhr — innegehalten werden. Bei den noch entfernter liegenden Abtheilungen traten indessen wesentliche Verspätungen ein, zumal bei Prasek gemeldete sächsische Truppen für den weiteren Vormarsch unbedingt Sicherheitsmaßregeln erforderlich machten. Da ferner anhaltender Regen die einzuschlagenden Dorf- und Feldwege fast ungangbar gemacht hatte und die Dunkelheit den Marsch erschwerte, konnte die Avantgarde unter General v. Schoeler erst um 7½ Uhr aus dem Walde von Kobilitz debouchiren. Sie hatte mithin in 3½ Stunden noch nicht 15 km zurückgelegt.

Die Division Etzel erreichte, unter noch ungünstigeren Verhältnissen als die Avantgarde marschirend, über Smidar und Skriwan gegen 11 Uhr die Höhe östlich Kobilitz. Inzwischen hatte General v. Schoeler den Feind zuerst aus Nechanitz und dann auch aus Lubno vertrieben und so schließlich den ganzen Abschnitt an der Bistritz von dort bis Hradek gewonnen. Unter dem Schutze der Avantgarde konnte die Division, die bis dahin geschlossen bei Kobilitz gehalten hatte, durch Nechanitz rücken. Heftiger Kanonendonner bezeichnete die Richtung des Schlachtfeldes, das Regiment befand sich an der Spitze der Division. Da traf, als Nechanitz schon durchritten war und das Regiment daran denken konnte, eine Gelegenheit zum Eingreifen zu erspähen, abermals der Befehl zum Halten ein. Die gesammte Infanterie der Division sollte vorbeimarschiren, das Regiment sich dem letzten Bataillon anschließen.

General v. Herwarth wurde aus Sadowa benachrichtigt, der Kronprinz habe mit der II. Armee Zizelowes erreicht und somit den Oesterreichern den Rückzug auf Josephstadt abgeschnitten. Ihm lag es nunmehr ob, weiter gegen des Feindes linke Flanke vorzudringen. Dieser Vormarsch war damit begonnen, daß General v. Herwarth mit den beiden an der Spitze befindlichen Divisionen, der 14. und 15., die Höhen von Problus erstürmte. Ehe jedoch die Armee geschlossen weiter marschiren konnte, mußte die 16. Division über die Bistritz hinübergezogen werden, und erst um 4 Uhr endlich konnte sich die Brigade Senden mit den Regimentern 29 und 69 östlich des Ueberganges von Nechanitz entwickeln. Dem letzten Bataillon folgte das Ulanen-Regiment.

Ueber die Lage der Elb-Armee schreibt das Generalstabswerk: „Es war ein besonders ungünstiger Umstand, daß die Beschaffenheit des unteren Bistritz-Thales dazu nöthigte, mit der gesammten Elb-Armee durch den einen Uebergang Nechanitz zu defiliren. Es konnten deshalb die Streitkräfte des Generals v. Herwarth nur nach und nach zur Verwendung gelangen. Der Angriff war hier von vornherein auf eine Umfassung des linken Flügels berechnet gewesen, wobei den zwei preußischen Divisionen zwei feindliche Korps gegenüberstanden, deren tapferer Widerstand, insbesondere der des sächsischen Korps, hier die gesammten preußischen Kräfte auf sich zog, und fand deshalb die Rechtsumgehung der Division Canstein ihren Abschluß in der mit der Division Graf Münster gemeinsam ausgeführten Eroberung der Stellung von Problus."

„War nunmehr durch diese und durch die Behauptung der 1. Garde-Division auf der Höhe von Chlum unstreitig das Schicksal des Tages entschieden, so wären von Seiten der Elb-Armee große Erfolge zu erreichen gewesen, wenn eine frische Reserve jetzt geradenwegs gegen die Elbe vorrücken konnte. Allein wir wissen, daß die 16. Division um die Zeit der beginnenden Verfolgung erst mit ihrer Tete durch Nechanitz zu defiliren vermochte und dort fast eine Meile hinter der 14. und 15. Division zurück war."

„So entging der Elb-Armee ein Theil der Beute des Sieges welchen zu erringen die Rheinländer und Westfalen so wesentlich mit beigetragen hatten."

Zwar führte jetzt Generallieutenant v. Etzel persönlich die 31. Brigade mit dem Ulanen-Regiment gegen Jelitz vor, auch eilte ihr noch die reitende Batterie Caspari mit der 3. Schwadron gegen Problus voraus. Die Entfernung der Abtheilungen vom augenblicklichen Kampfplatze aber war zu groß, und an die Infanterie gebunden, durfte auch das Regiment nicht die verlorene Zeit durch verstärkte Gangart einbringen. Als dann weiter die 1. Schwadron den Befehl erhalten hatte, in der rechten Flanke die Verbindung mit der Division Canstein aufzusuchen, wurde bald darauf die Infanterie selbst nach rechts in den Wald hineingezogen; denn da alle drei Armeen um diese Zeit konzentrisch vorgingen, so mußte bei der breiten Front derselben schließlich der für eine freie Bewegung nothwendige Raum fehlen. So konnte denn Generallieutenant v. Etzel, wollte er nicht überhaupt stehen bleiben, mit der Brigade Senden nur die Richtung auf Ober-Prim einschlagen. Beim Durchschreiten dieses Ortes lief vom Obersten v. Stiehle die Nachricht ein, die vorliegende Höhe sei von feindlicher Artillerie stark besetzt. General v. Herwarth ließ also eine sechspfündige Batterie auf der Höhe bei Neu-Prim auffahren, indem er zugleich die noch weiter zurück befindliche Reserve-Artillerie 8. Armeekorps aufforderte, das Vorgehen seiner Infanterie zu unterstützen. Die beiden noch verfügbaren Eskadrons des Regiments, die 2. und 4., wurden für die zuerst genannte Batterie als Bedeckung kommandirt, das Erscheinen der Geschütze auf der Höhe hatte alsbald ein heftiges feindliches Granatfeuer zur Folge. Da die Geschosse jedoch über die Schwadronen hinwegflogen, so konnte die nunmehr anlangende Reserve-Artillerie — vier gezogene Batterien —, ohne Schaden zu nehmen, links in der Verlängerung auffahren. Kaum hatten indeß diese 30 preußischen Geschütze, zusammen mit noch einer Zwölfpfünder-Batterie, ihr Feuer eröffnet, als sie ihrerseits plötzlich aus der rechten Flanke heftig mit Schrapnels beschossen wurden. Innerhalb weniger Minuten erlitten die Eskadrons einen Verlust von 3 verwundeten Ulanen, sowie 11 todten und 8 verwundeten Pferden. Vermißt wurden außerdem später 1 Mann und 7 Pferde. Da die Artillerie ebenso sehr durch die feindlichen Schrapnels geschädigt wurde, so verließen alle sechs Batterien nacheinander die Stellung, worauf dann auch die Schwadronen, und zwar zunächst etwa 500 Schritt, zurückgingen. Hier ordneten sich dieselben, um alsdann weiter in Bereitschaftsstellung halten zu bleiben. Die 1. Eskadron wurde schließlich noch als Reserve der Besatzungstruppen von Stejirek bestimmt, ohne indessen in dieser Eigenschaft zur Thätigkeit kommen zu können.

Die Schlacht von Königgrätz war geschlagen, 5 Fahnen und 160 Geschütze erbeutet, die gesammte feindliche Armee in der Auflösung begriffen. Die preußische Infanterie aber, die nach kurzer Nachtruhe seit 3 Uhr Morgens ununterbrochen marschirt war oder im Gefecht gestanden hatte, war bis auf den letzten Blutstropfen erschöpft, und es sollten daher am 4. Juli nur insoweit Truppenbewegungen stattfinden, als dies zur Wiederherstellung der gelockerten Verbände und zur Sonderung der drei Armeen erforderlich schien. General v. Herwarth sollte indessen die Verfolgung der auf Parbubitz zurückweichenden Oesterreicher schon an diesem Tage beginnen.

Die Division Etzel biwakirte in der Nacht bei Stejirek, das Regiment stellte zwei Züge der 1. Eskadron als Vorposten gegen Königgrätz. Am nächsten Morgen mußte General v. Herwarth seine Truppen zunächst aus dem Bereich der anderen Armeen führen. So kam die Avantgarde nach Lhota unter Libau, während die

Division Etzel bis Urbanitz folgte. Vom Feinde war nichts mehr zu sehen, dagegen fanden die Spitzen als deutliche Spuren eines übereilten Rückzuges verlassenes Kriegsmaterial: Ambulanzen, Proviant- und Munitionswagen in großer Zahl, sowie einen Pontontrain und selbst mehrere stehengebliebene Geschütze. An den Thoren von Königgrätz war die Chaussee bis in die Vorstadt hinein von einigen Hundert Wagen vollständig verfahren, das Gelände zu beiden Seiten mit umgestürzten Fahrzeugen, darunter etwa 20 Geschütze, bedeckt. Alle Anzeichen deuteten darauf hin, daß die hier zurückgegangenen Truppen sich in voller Auflösung befänden.

Unter diesen Umständen konnten Seine Majestät auf einen Stillstand der Operationen, wie ihn Baron Gablenz am 4. Juli im Großen Hauptquartier vorschlug, nicht eingehen. Die Fortbewegung der Truppen einstellen, hieß für den Friedensschluß auf fast sämmtliche Früchte des soeben errungenen Sieges verzichten. Nach der wohlverdienten eintägigen Ruhe wurde daher am 5. der Vormarsch wieder mit frischen Kräften fortgesetzt. Noch waren indessen infolge der Schlacht sämmtliche Armeen auf einem Raum von fünf Quadratmeilen zusammengedrängt, so daß die Verpflegung jetzt ganz ungemein schwierig wurde. Die Elb-Armee schob am 5. ihr Hauptquartier nach Chlumetz vor, wo gleichzeitig der Stab der 16. Division und der Regimentsstab mit der 1. Eskadron Ortsunterkunft bezogen. Dieselben Quartiere wurden für den 6. beibehalten, nur ein Zug der 4. Schwadron unter dem Lieutenant der Landwehr Müller stieß zu einem Kommando, welches aufs Schlachtfeld zurücktritt, um die Gefallenen zu begraben. Im Uebrigen wurde das Regiment fast vollständig in einzelne Patrouillen aufgelöst, und wirklich gelang es heute, die so gut wie verloren gegangene Fühlung am Feinde wiederzugewinnen. Die einlaufenden Meldungen stellten mit Sicherheit fest, daß die Hauptmasse des österreichischen Heeres nicht nach Wien, sondern auf Olmütz zurückwich. Seine Majestät faßten daher den entscheidenden Entschluß, „nur mit der linken Flügel-Armee dorthin zu folgen, die beiden anderen hingegen direkt nach Wien zu führen, um so den Feldzug in kürzester Frist zu entscheiden". Das Hauptquartier der Elb-Armee kam am 7. nach Neuhof; der Regimentsstab kantonnirte am nämlichen Tage in Horka, am 8. in Siratowicz, am 9. in Unter-Kraupen, am 10. in Polna. Ehe man hier einrückte, langte Mittags gegen 1 Uhr die Meldung an, der Ort sei von ungarischen Husaren besetzt, was sich jedoch als irrthümlich herausstellte. Am 11. gelangte man nach Wollein, woselbst Ortsunterkunft bezogen wurde, am 12. bivakirte das Regiment bei Eisenberg, am 13. wurde in Namiest und Wirenitz kantonnirt.

Seit dem 7. waren mehrere Schwadronen abwechselnd bei der 31. und bei der Füsilier-Brigade kommandirt, denen sie zum Theil gleichzeitig auch zur Verpflegung attachirt waren. Am 14. war das Regiment wieder geschlossen; es hatte an diesem Tage seinen anstrengendsten Marsch zurückzulegen. Von Morgens 6 Uhr an ging es bei tropischer Hitze auf den schlechtesten Wegen fortwährend bergauf und bergab, bis 6½ Uhr Abends. Auch an den folgenden Tagen machte die drückende Hitze die Märsche sehr beschwerlich. Die Stabsquartiere des Regiments waren am 14. Juli Wischenau, am 15. Testitz, am 16. Neudorf, am 17. Hobertsdorf.

Zu wiederholten Malen hatte seit dem Tage von Königgrätz die österreichische Staatsleitung theils durch unmittelbare Unterhandlungen, theils durch französische Vermittelung dem unaufhaltsam siegreichen Vordringen der preußischen Fahnen Einhalt zu thun versucht. Da dies nicht gelingen wollte, so wurde schließlich die in Italien fechtende Süd-Armee an die Donau beordert. Diese frischen, siegreichen Truppen sollten die Hauptstadt decken, sollten die geschlagenen Kameraden mit neuem Kampfesmuth beseelen. Für die Entscheidung kamen sie zu spät, schon waren die preußischen Spitzen nur noch zwei Tagemärsche von Wien entfernt. Am 17. konnten Seine Majestät den allgemeinen Vormarsch gegen die Donau befehlen. Da sich diesem auch die II. Armee, soweit sie vor Olmütz entbehrlich war, anschließen sollte, so durften die beiden anderen, um diese herankommen zu lassen, täglich nur kleinere Strecken zurücklegen. Die Elb-Armee sollte zunächst am 18. in sich enger aufschließen und am 19. zur Erholung von den anstrengenden Märschen einen Ruhetag erhalten. Auf diese Weise blieben die Eskadrons drei Tage in den am 17. bezogenen Quartieren, worauf am 21. nach Nieder-Hollabrunn, Groß-Pirawarth und Gaunersdorf marschirt wurde. Die zurückgelegte Strecke war kurz gewesen, und doch hatte sie ausgereicht, um die beiden Züge des Regiments, welche auf Vorposten kamen, zum ersten Mal die Thürme der Kaiserstadt erblicken zu lassen.

Auf dem geschichtlichen Boden des Marchfeldes war jedoch den preußischen Heeren eine Schlacht nicht mehr beschieden. Zu Nikolsburg, im Hauptquartier Seiner Majestät, wurde am 21. eine fünftägige Waffenruhe vereinbart; am 26. Juli war von den bevollmächtigten Ministern der Präliminarvertrag unterzeichnet, die Operationen hatten auf dem östlichen Kriegsschauplatze ihr Ende erreicht.

Das Regiment erfuhr den Abschluß des Waffenstillstandes am 23., worauf der Stab nach Grafensulz verlegt wurde. Am 27. sammelte sich die Division nochmals bei Ladendorf, woselbst um 2 Uhr die Befehle für die weitere Vertheilung eintrafen. Der Regimentsstab und die 4. Eskadron kamen nach Michelstetten, die 3. nach Pirab. Die 1. und 2. Schwadron waren entsandt worden, um einem österreichischen Streifkorps bei Znaym den Waffenstillstand bekannt zu machen.

Leider waren dieselben auch am 30. noch nicht zurückgekehrt, für welchen Tag große Parade der Elb=Armee bei Ladendorf befohlen war. In den ersten Morgenstunden versprach das Wetter wenig Gutes für die bevorstehende Heerschau, um 9 Uhr aber ließ der Regen nach, und als, eine Viertelstunde später, die Division Aufstellung nahm, brach die Sonne durch die Wolken. Um 10½ Uhr erschienen Seine Majestät, von donnerndem Hurrah begrüßt. Dem Abreiten der Fronten folgte der Vorbeimarsch, welcher von der Kavallerie in ganzen Eskadrons im Schritt ausgeführt wurde.

Am folgenden Tage erhielt das Regiment Befehl, den Rückmarsch nach Böhmen anzutreten, woselbst weitere Kantonnements in Aussicht genommen waren. Der Stab gelangte am 31. Juli nach Aspersdorf, am 1. August nach Jellabrunn, am 2. nach Burg=Schleinitz. Die einzelnen Eskadrons waren behufs Unterbringung und Verpflegung der Füsilier=Brigade oder Infanterie=Regimentern zugetheilt. Der Ruhetag am 3. August wurde zu einem Gottesdienst benutzt. Von jetzt an wurde den Eskadrons gestattet, einzeln in die neuen Unterkunftsorte zu marschiren und ihre Quartiermacher je zwei Tage vorauszusenden. Auf diese Weise konnte doch einigermaßen für die Verpflegung gesorgt werden, und endlich war das Regiment — zum ersten Mal außer Verbindung mit der Infanterie — nicht mehr genöthigt, alle Märsche ausschließlich im Schritt zurückzulegen.

Am Abend des 4. in Breiteneich angekommen, hatte Oberstlieutenant v. Stein das Unglück, sich bei einem Falle das Ellenbogengelenk zu verletzen, infolge dessen er sich am nächsten Tage nach Brünn und von dort behufs Wiederherstellung seiner Gesundheit über

Prag und Dresden nach Kösen begab. Oberstlieutenant v. Lüderitz übernahm die Führung des Regiments. Bis zum 21. wurden auch ferner nur ganz kleine Märsche von zwei bis drei Meilen täglich gemacht, bei welchen sich die Pferde infolge des guten Futters von 5,625 kg Hafer sehr erholten; Bekleidung und Armatur wurden, so gut es anging, wieder in Stand gesetzt. Der Regimentsstab lag während dieser Zeit in folgenden Orten: 5. August Atzelsdorf, 6./7. Vitis, 8. Eilfang, 9. Kottenschacher, 10./11. Chlumec, 12. Neusattel, 13. Ribeck, 14./15. Bechin, 16. Sepekau, 17. Kowarzow, 18./19. Groß-Chrastic, 20. Birkenberg, 21. Mauth. Am 22. bezog der Stab Quartier in Radnitz, während die Eskadrons in 19 kleinen Dörfern der Umgegend untergebracht wurden. Von dort aus sammelten sich dieselben bis zum 3. September zwei bis drei Mal wöchentlich, um zu exerziren.

Am 4. September marschirten der Stab sowie die 3. und 4. Eskadron nach Pilsen, wohin am 5. auch die 1. und 2. folgten. Hier wurden die Schwadronen einzeln verladen, der Stab fuhr mit der 3. und 4. Eskadron am 5., die 1. und 2. am 6. September nach der Heimath.

Da die Ersatz-Eskadron in Saarbrücken kasernirt war, so mußten die 3. und 4. Schwadron, die in der Nacht vom 6. zum 7. ankamen, in den umliegenden Ortschaften Kantonnements beziehen. Die 1. Eskadron traf am 7. Abends in Saarlouis ein und bezog dort ihre Kaserne, ebenso wie die 2., welche am folgenden Morgen anlangte.

Der folgende Tag, Sonntag, der 9. September, brachte den Befehl zur Demobilmachung, gleichzeitig mit der Anweisung, aus der vorhandenen Stärke fünf in sich möglichst gleiche Eskadrons zu 150 Pferden zu formiren. Abermals hatten Seine Majestät eine Vermehrung unserer Waffe beschlossen. Die Kabinets-Ordre vom 30. Oktober bestimmte das Nähere. Ihr zufolge schied Rittmeister v. Waldow, der während des Feldzuges die Ersatz-Eskadron geführt hatte, mit 15 Unteroffizieren, 3 Trompetern, 131 Mann, 1 Roßarzt und 150 Pferden am 5. November aus dem Verbande des Regiments. Drei Tage später traf die Schwadron in ihrer neuen Garnison ein; Rittmeister v. Waldow war Chef der 4. Eskadron Altmärkischen Ulanen-Regiments Nr. 16 geworden.

Doch auch hiermit war die Neuordnung der Kavallerie noch zu keinem endgültigen Abschlusse gelangt. Die 64 Regimenter waren zwar errichtet, um ihrer Zahl nach unverändert fortzubestehen bis zum heutigen Tage. Die Mobilmachung des vergangenen Jahres hatte indessen gezeigt, daß die Aufstellung der Ersatz-Eskadron Mängel und Unzuträglichkeiten im Gefolge hatte, ähnlich denen, wenn auch in verringertem Maße, welche im Jahre 1859 die Aufstellung der Landwehr-Kavallerie-Regimenter nahezu unmöglich machten. Das Regiment hatte zu seiner Kompletirung einen Ersatzbedarf von 247 Pferden gehabt, es lag auf der Hand, daß bei der Nothwendigkeit eines beschleunigten Ausmarsches gegenüber dies Material nicht zu beschaffen war. Die Allerhöchste Kabinets-Ordre vom 28. Februar 1867 bestimmte daher, es solle bei allen Kavallerie-Regimentern aus Abgaben der vier vorhandenen Eskadrons eine fünfte gebildet werden. Mit dem 1. April meldete das Regiment die Ausführung dieses Befehls, es konnte nunmehr, wenn wiederum die Mobilmachungs-Ordre eintraf, nach wenigen Stunden zu vier kriegsstarken Schwadronen ins Feld ziehen.

Ueberaus zahlreich waren die Veränderungen, welche infolge aller dieser Neubildungen innerhalb des Offizierkorps stattfanden. Noch im Jahre 1866 wurde Major v. Lüderitz zum Kommandeur des 2. Hannoverschen Ulanen-Regiments Nr. 14, Rittmeister v. Brozowski zum Major und etatsmäßigen Stabsoffizier des 1. Hessischen Husaren-Regiments Nr. 13 ernannt. Premierlieutenant v. Kotze erhielt seine Beförderung zum Rittmeister und Eskadronchef im Litthauischen Ulanen-Regiment Nr. 12, Sekondlieutenant Jouanne wurde zum 1. Hannoverschen Ulanen-Regiment Nr. 13 versetzt. Major v. Bose, bis dahin im Westfälischen Ulanen-Regiment Nr. 5, wurde an Stelle des Majors v. Lüderitz etatsmäßiger Stabsoffizier, die 1. Schwadron übernahm Rittmeister Jouanne, vom Königs-Husaren-Regiment in das diesseitige versetzt. Das nächste Jahr brachte dem Premierlieutenant v. Luck I. die Beförderung zum Rittmeister und Chef der neugebildeten 5. Eskadron, Lieutenant Fleischhammer wurde in das Dragoner-Regiment Nr. 16 versetzt. Außerdem hatte das Regiment einen schweren Trauerfall zu beklagen. Lieutenant Buggenhagen, seit längerer Zeit leidend, starb am 22. September 1867 am Gehirnschlage.

Im folgenden Jahre wurde Major v. Bose in Genehmigung seines Abschiedsgesuches zur Disposition gestellt, Major v. Wolffersdorff wurde etatsmäßiger Stabsoffizier, Premierlieutenant Schimmelpfennig von der Oye übernahm als Rittmeister die 4. Schwadron, Sekondlieutenant v. Müller II. wurde Premierlieutenant.

Durch Allerhöchste Kabinets-Ordre vom 5. März 1869 wurde Oberst Stein v. Kamienski mit Pension zur Disposition gestellt, Major v. Pestel, etatsmäßiger Stabsoffizier des Dragoner-Regiments Nr. 7, wurde Kommandeur. Im November erhielt Rittmeister v. Schmidhals mit dem Charakter als Major seinen Abschied, Premierlieutenant v. Wilcke wurde Rittmeister und Chef der 2. Schwadron. An Stelle des Majors v. Wolffersdorff, welcher im Dezember zum 2. Garde-Dragoner-Regiment versetzt wurde, übernahm Major Heinichen, bisher Eskadronchef im Ostpreußischen Dragoner-Regiment Nr. 10, die Stelle als etatsmäßiger Stabsoffizier. Gleichzeitig wurde Premierlieutenant v. Voigt von der Landwehr-Kavallerie, früher im Rheinischen Kürassier-Regiment Nr. 8, im diesseitigen Regiment wieder angestellt.

Mit dem Uebertritt des Premierlieutenants Papendick zur Landwehr und der Verabschiedung des Rittmeisters Schimmelpfennig von der Oye im April bezw. Juni 1870 fanden sodann die Veränderungen der Rangliste vorläufig ihren Abschluß. An Stelle des Letzteren wurde Premierlieutenant von der Osten als Rittmeister zum Regiment versetzt. Nachzutragen sind die Namen der Lieutenants Freiherr v. Barnekow, Graf Strachwitz und v. Schack, welche zum Regiment versetzt wurden, um bald darauf wieder auszuscheiden.

Einen Ersatz für die vielen scheidenden Kameraden erhielt das Regiment durch die Beförderung der Portepeefähnriche v. Pfannenberg, Loeper, v. Haeseler, Freiherr v. Sinner, Crause und Heydenreich, die Anstellung des Landwehroffiziers Lieutenants Thies und die Versetzung des Lieutenants Bauer vom 68. Infanterie-Regiment.

So gab es kaum noch eine Stelle im Regiment, die nicht in der kurzen Friedenszeit zwischen den beiden Feldzügen eine entscheidende Aenderung erfahren hätte. Der Regimentskommandeur war ein anderer geworden, drei Mal hatte der etatsmäßige Stabsoffizier gewechselt. Aus vier Schwadronen waren sechs geworden, die Leitung der 4. war zwei Mal, ein Mal die der 1. und 2. in andere Hände übergegangen; nur die 3. Schwadron hatte an ihrer Spitze noch den Führer aus dem österreichischen Kriege. — Die

Bedingungen für die Winterausbilduug waren schwierige, zumal seitdem die drei in Saarbrücken stehenden Schwadronen sich mit einer gedeckten Bahn behelfen mußten.

Die allgemeine Neuordnung aber hatte die Armee und das Regiment verjüngt. Der Kommandeur hatte im Sommer 1870 noch nicht das 50., der älteste Premierlieutenant noch nicht das 28. Lebensjahr vollendet.

Die Remonten, die das Regiment bis 1867 aus Bärenklau in Brandenburg, seitdem aus Hunnesrück in Hannover erhalten hatte, bedeuteten einen so entschiedenen Fortschritt gegen frühere Jahre, daß selbst die vielen Kriegs-Ersatzpferde, die in den Friedensetat mit herübergenommen werden mußten, bald dem Gesammtbilde keinen Eintrag mehr zu thun vermochten.

Trotz mannigfacher Krankheitsfälle unter den Pferden wurde ohne Unterbrechung frisch exerzirt. Im Fridericianischen Sinne wußte jeder Ulan mit der Gegend auf zwei Meilen im Umkreise Bescheid. Allerdings nur zur Hälfte, denn mit dem Exerzirplatz schloß das Gelände für die Friedensübungen ab; was jenseits desselben lag, durfte erst 1870 betreten werden, es war französischer Boden.

Fünfter Abschnitt.

Beginn des Feldzuges 1870/71. — Die Tage von Saarbrücken.

„Um die Versammlung des 7. und 8. Armeekorps an der Mosel zu sichern, wird es richtig sein, die dort garnisonirenden Truppen nicht zurückzuziehen, sondern sie als Avantgarde bei Trier und Saarbrücken zu belassen und zu verstärken."

„Die Postirung an letzterem Ort wird allerdings vorläufig nur von den dort und in Saarlouis stehenden 2 Bataillonen und 4 Eskadrons gebildet, was jedoch für bloße Beobachtung und Schutz der Eisenbahn gegen kleinere Unternehmungen des Feindes genügt. Ueber eine successive Zerstörung der Bahn wird höhere Anweisung erfolgen und für diesen Zweck dem Detachement eine Eisenbahn=Abtheilung zuzugeben sein. Wenn irgend möglich, wird das Detachement nicht über Neunkirchen hinaus zurückweichen, vielmehr bereits am zwölften Tage durch Abtheilungen des 3. Armeekorps verstärkt bezw. abgelöst werden. Es kehrt dann zu seinem Korps zurück."

Diese Zeilen aus einem Memoire des Generals v. Moltke vom Winter 1868/69 stellten die Aufgaben des Regiments während einer Mobilmachung gegen Frankreich fest. Es mußte im Anschluß an die Garnisonen Trier und Saarlouis in der rechten und Zweibrücken in der linken Flanke die Mobilmachung des 8. Armeekorps, so weit seine Front reichte, sichern, die I. und unter Umständen auch die beiden anderen Armeen während ihrer Ausschiffung und ihres Aufmarsches vor feindlicher Einsicht und Störung zu bewahren suchen.

In der Nacht vom 15. zum 16. Juli erhielt Major v. Pestel vom Generalkommando folgende Depesche:

Coblenz, den 16. Juli 12 Uhr 44 Min. Bm.

Plötzlicher Angriff möglich. Die Ulanen von Saarbrücken sollen beim Rückzug hinter sich an vielen Stellen die Eisenbahn auf Bingen und über Kaiserslautern unbrauchbar machen, hierbei jedoch keine größeren Bauwerke zerstören.

(gez.) v. Herwarth.

Zwei weitere Depeschen vom selben Morgen aus Coblenz besagten, die Mobilmachung sei befohlen, der 16. Juli als erster Mobilmachungstag festgesetzt. Darauf hin und auf einen mündlich seitens der Division ertheilten Befehl, über Kirn nach Siegburg zu rücken, wurden die Mannschaften so schnell als möglich eingekleidet, und schon Morgens um 3½ Uhr konnte an das Generalkommando und die Division der Abmarsch der 3., 4. und 5. Eskadron nach Ottweiler gemeldet werden. Von dort aus sollte am nächsten Tage nach Siegburg, dem Mobilmachungsorte des Regiments, weitermarschirt werden. Die 2. Eskadron war telegraphisch angewiesen worden, gleichfalls nach Ottweiler abzurücken, während von der 1. hundert Reiter auf Befehl der Division in Saarlouis verblieben.

Der Ausmarsch geschah in folgender Stärke:

Stab:
3 Offiziere, 1 Oberstabsarzt, 1 Zahlmeister, 1 Büchsenmacher, 1 Sattler, 1 Trompeter, 1 Unteroffizier, 12 Ulanen, 26 Pferde.

2. Esk.:	3 Off.,	1 Roßarzt,		10 Unteroff.,	— Tromp.,	117 Ul., 127 Pferde
3. "	2 "	1 "		14 "	3 "	104 " 135 "
4. "	2 "	—		14 "	7 "	103 " 135 "
5. "	3 "	1 Stabsroßarzt	14 "	6 "	102 " 137 "
1. "	—	—		1 "	— "	12 " 23 "

Zus.: 12 Off., 3 Roßärzte, 54 Unteroff., 17 Tromp., 450 Ul., 583 Pferde

Obwohl, wie aus den angeführten Depeschen hervorgeht, das Regiment sowohl vom Generalkommando wie von der Division den Befehl erhalten hatte, an mehreren Stellen die Eisenbahn zu zerstören, mußte dies doch vor der Hand unterbleiben, bis das zahlreiche Eisenbahnmaterial von Saarbrücken zurückgeschafft war. Der Eisenbahndirektor von St. Johann erklärte auf eine bezügliche Anfrage des Regiments von Ottweiler aus:

„Abgang des letzten Zuges von hier noch unbestimmt, daher Bahn ohne unser Zuthun nicht zu zerstören." Die Bahn blieb somit erhalten.

Schon wenige Stunden, nachdem das Regiment in und um Ottweiler seine Kantonnements bezogen hatte, traf dasselbe ein telegraphischer Befehl des Generalkommandos, möglichst bald genaue Nachrichten über die feindlichen Bewegungen zu senden.

Das Feldregiment mußte also seine Garnison so schnell als möglich wieder zu erreichen suchen, während nur die Ersatz-Schwadron nach Siegburg entsandt wurde. Als solche war die 2. unter Rittmeister v. Wilcke bestimmt, dieselbe bestand, nachdem alle Abgaben erfolgt waren, aus 1 Offizier, 1 Roßarzt, 4 Unteroffizieren, 3 Trompetern, 38 Ulanen, 70 Pferden. An ihrer Stelle erhielt nunmehr die 5. (Rittmeister v. Luck) die Bezeichnung „2. Eskadron".

Am folgenden Morgen um 4 Uhr trat das Regiment den Vormarsch auf Saarbrücken an. Gegen Mittag bezog die 4. Schwadron Vorposten südlich der Stadt gegen die französische Grenze in der Linie Drahtzug, Goldene Bremm, St. Arnual, Fehingen. Die 3. Eskadron biwakirte als Piket bei Jägersfreude, etwa 3 km nördlich Saarbrücken, während die 2. und der Stab bei Dudweiler Ortsunterkunft bezogen. Zur Verbindung mit einem in Blieskastel befindlichen bayerischen Kommando wurde von der 2. Eskadron Lieutenant v. Haeseler mit einer stehenden Patrouille auf den Elsterstein bei St. Ingbert kommandirt. Bei den Vorposten wurde im Laufe des Tages nichts vom Feinde bemerkt, nur aus Blieskastel meldete der bayerische Kommandant, Graf Pückler, daß Saargemünd vom Feinde stark besetzt sei.

Die Aufgabe des Regiments bestand nunmehr nach einem von dem Chef des Generalstabes des 8. Armeekorps, Oberst v. Witzendorff, am 16. erlassenen Schreiben, das am 17. früh in die Hände des Majors v. Pestel gelangte, darin, kein Terrain zu räumen, so lange es ohne Verlust zu behaupten, den Rückzug des Materials möglichst lange zu decken, über den Feind genaue Nachrichten einzuziehen, wo es ginge, ihn aufzuhalten, durch Aufhebung der Schienen ꝛc. demnächst sein rasches Vorgehen zu verhindern ꝛc. „Rückt der Feind vor", so hieß es weiter, „so würde Ihr weiterer Rückzug langsam über Kirn und von dort wohl in breiter Front über Simmern und Kreuznach stattfinden, um einestheils vielleicht dem Bataillon Simmern nützlich zu sein, anderntheils immerfort dem Feinde die Benutzung der Eisenbahn zu nehmen und selbst nicht von Linie nach Koblenz abgedrängt zu werden."

Um das Regiment bei der Durchführung seiner Aufgabe zu

unterstützen, wurde vom Generalkommando das 2. Bataillon Hohenzollernschen Füsilier-Regiments Nr. 40 unter Oberstlieutenant v. Henning nach Saarbrücken entsandt. Dasselbe traf am 17. Abends 11½ Uhr hier ein; für die Nacht wurde eine Kompagnie zur Ablösung der Kavallerie-Feldwachen bestimmt, eine zweite als Soutien in Alarmhäuser gelegt. Am nächsten Morgen übernahm die Kavallerie wieder den äußersten Vorpostendienst, und zwar stellte die 3. Eskadron auf dem Exerzirplatz, bei St. Arnual und Brebach Feldwachen in Zugstärke aus, während die 2. beim St. Johanner Schützenhaus biwakirte und die 4. Schwadron bei Dudweiler Ortsunterkunft bezog. Das Bataillon nahm eine Aufnahmestellung weiter rückwärts.

Das auf diese Weise verstärkte Detachement erhielt nunmehr den Auftrag, Saarbrücken nur vor überlegenen feindlichen Kräften zu räumen. Wurde der Rückzug erzwungen, so kam es darauf an, das Vorgehen des Feindes zu verlangsamen. Zu diesem Zweck sollten auf beiden Eisenbahnlinien, über Neunkirchen und Kaiserslautern, Detachements zurückgehen und an vielen Stellen die Bahn unterbrechen, ohne jedoch größere Bauten zu zerstören.

Ueber den Anmarsch des Feindes wurden im Laufe des 18. die verschiedensten Gerüchte laut. Unter Anderem meldete Oberförster Solf aus Völklingen eine Truppenmasse von 6000 Mann aller Waffen mit einer aus Chasseurs à Cheval bestehenden Avantgarde im Marsch von St. Avold auf Forbach. Von den Vorposten lief die Nachricht ein, um 7 Uhr Abends seien das 66. und 67. Régiment de Ligne, um 7½ Uhr 5 Eskadrons Chasseurs d'Afrique in Forbach angekommen, und zwar sollten diese Truppen an der Chaussee nach Stiring biwakiren. Eine Meldung aus Homburg endlich sprach von 22 000 Mann, die sich bei St. Avold befinden sollten. Da überdies am nämlichen Abend durch das Vorgehen französischer mit Gewehren bewaffneter Douaniers falscher Alarm entstand, so sollte am 19. eine Erkundung gegen Stiring—Forbach vorgenommen werden. Nur auf diese Weise waren zuverlässigere Nachrichten zu erhalten.

Schon vor Tagesanbruch ging Rittmeister v. Luck mit der 2. Schwadron gegen Stiring vor. Um 3¼ Uhr traf er bei Folster Höhe ein und entsandte von dort aus einer gedeckten Stellung zahlreiche Patrouillen, welche bald die Meldung brachten, daß von Stiring her eine größere Kavallerie-Abtheilung anrücke. Letztere marschirte auf dem Felde westlich der Straße ziemlich langsam und schwerfällig auf. Da zur Ausführung dieser Bewegung neben mehreren Kommandos eine Unzahl von Signalen verschwendet wurde, so konnte Trompeter Blanke seinem Rittmeister mittheilen, „daß denen ihre Trompeten in Es stehen". Der Feind, ein geschlossenes Regiment Chasseurs à Cheval, nahm nun, nachdem er seinen Aufmarsch bewerkstelligt hatte, eine starke Plänklerkette vor, welche 500 m vor dem preußischen Zollhause Halt machte und auf die Ulanen ein lebhaftes aber gänzlich erfolgloses Feuer eröffnete. Unter dem Schutze desselben ritt eine halbe Schwadron Chasseurs gegen das Zollhaus vor und nahm die beiden Zollbeamten gefangen. Rittmeister v. Luck hatte eine solche Heldenthat, die Gefangennahme von wehrlosen Civilpersonen, nicht für möglich gehalten; jetzt, da er sah, worauf es abgesehen gewesen, ging er seinerseits vor und trieb den Feind bis zur Plänklerlinie zurück.

Inzwischen trafen die 3. und 4. Schwadron unter Rittmeister Freiherrn v. le Fort und Premierlieutenant v. Müller I. auf dem Kampfplatz, dem ersten des Krieges, ein. Sie waren, infolge vielfacher Abkommandirungen nur 7 Züge stark, links der Straße Saarbrücken—Forbach gegen die Grenze vorgegangen. In der Höhe des preußischen Zollhauses angekommen, schwenkten sie rechts ein, in der Absicht, zur Attacke vorzugehen. Kaum hatte dies indessen der Feind bemerkt, als er — zuerst mit seinen Plänklern und unmittelbar darauf auch mit seinen geschlossenen Schwadronen — Kehrt machte, auf der Chaussee bis zur Goldenen Bremm und von dort quer über das Feld in schnellster Gangart auf Stiring zurückeilte. Die Schwadronen verfolgten den Feind eine weite Strecke und kehrten schließlich um, da es nicht gelang, weitere Streitkräfte des Gegners zur Entwicklung zu zwingen. Um 5½ Uhr wurde die alte Vorpostenstellung wieder eingenommen. Der erste Zusammenstoß mit dem Feinde war zu unseren Gunsten entschieden; mit begeisterten Zurufen begrüßte die Bevölkerung Saarbrückens die heimkehrenden Ulanen.

In der vergangenen Nacht hatte Major v. Pestel dem Generalkommando seine Absicht, auf Forbach zu erkunden, gemeldet. Darauf hin erhielt er die Depesche: „Krieg ist noch gar nicht erklärt, Grenzüberschreitung daher zu vermeiden."

Da Major v. Pestel sich selbst der Erkundung angeschlossen hatte, so fand er das erwähnte Telegramm erst bei seiner Rückkehr und zwar zusammen mit einem zweiten vor, welches die am nämlichen Tage, den 19. Juli, Mittags 1½ Uhr, in Berlin abgegebene französische Kriegserklärung mittheilte.

Inzwischen wurde die Lage für das Detachement drohender. Das die französische Avantgarde im Norden bildende 2. Armeekorps (Frossard) befand sich zum größten Theil seit dem 18. in und um St. Avold. Einem Befehl des Marschalls Le Boeuf zufolge sollte Frossard mit der Hauptmasse seines Korps nicht über diese Stadt hinausgehen, jedoch bis zur Grenze hin aufklären. „Sie werden das Auge der Armee sein", schloß der Befehl. Am 19. wurde demgemäß die Division Bataille mit der Chasseur-Brigade Valabrègue bis Forbach vorgeschoben, während die Division Lavaucoupet und später noch eine Dragoner-Brigade sich hart südlich bei Bening hieran anschlossen.

War man von alledem in Saarbrücken auch nicht bis ins Einzelne unterrichtet, so kannte Major v. Pestel doch im Allgemeinen die feindlichen Stärkeverhältnisse. Die letzten Nachrichten stammten von einem Wehrmann, der aus Frankreich herübergekommen war. Nach dessen Aussagen lagerten bei Forbach die Infanterie-Regimenter Nr. 7, 24, 29, außerdem blaue Husaren, Dragoner und Artillerie; feindliche Vorposten-Kompagnien waren nach Gersweiler und der Goldenen Bremm vorgeschoben, Infanterie-Pikets standen auf den Straßen nach St. Arnual und Brebach, Jäger und Dragoner bei Stiring.

Um unter diesen Verhältnissen bei einer Entscheidung sofort zur Stelle zu sein, nahm Major v. Pestel seinen Aufenthalt bei der jeweiligen Vorposten-Eskadron. Es mußte auch bei allen ferneren Unternehmungen der Grundsatz festgehalten werden, den Feind nicht zur Offensive gegen Saarbrücken zu reizen, denn durch den Besitz der Stadt allein war die Benutzung der Eisenbahn und das Material gesichert; ein ernsthafter Zusammenstoß aber konnte nur mit der Vernichtung des kleinen Detachements endigen.

Noch am selben Abend kam das erste Telegramm des Generals v. Moltke an den Major v. Pestel an:

Berlin, den 20. Juli 8 Uhr 46 Min. Nm.

Versuchen Sie durch kleines Detachement von Zweibrücken aus Bahn Saargemünd—Hagenau gründlich zu zerstören. Bahndirektion Saarbrücken um technische Hülfe ersuchen.

(gez.) v. Moltke.

Premierlieutenant v. Voigt wurde mit der Ausführung dieses Befehls betraut und verließ noch in derselben Nacht um 12 Uhr mit seiner Abtheilung mittelst der Eisenbahn Saarbrücken. Da er jedoch nicht in den Besitz einer Karte hatte gelangen können, am Tage sich versteckt halten mußte, Nachts aber wegen tiefer Dunkelheit ein Zurechtfinden unmöglich war, so schien anfangs trotz eifrigster Bemühungen ein Gelingen des Unternehmens unmöglich. Zwei Nächte schon hatte Lieutenant v. Voigt seinen Leuten nicht einen Augenblick der Ruhe gönnen dürfen, und auch in der dritten ging es nach zweistündiger Rast, während welcher Alles todtmüde in Schlaf gesunken war, wieder weiter. Die mitgenommenen Bahn= arbeiter wurden schon am 22. als unbrauchbar zurückgeschickt, und man war gezwungen, sich auf andere Weise zu helfen. Lieutenant v. Voigt ließ daher die Futtersäcke mit Pulver füllen, wußte sich Dynamit zu verschaffen und ließ Säbel, Pistolen, Lanzenflaggen und Gepäck zurück. Stangen und Brecheisen wurden unter die Mann= schaften vertheilt; zu Fuß, den Revolver in der Hand seinen Leuten voranschreitend, suchte Premierlieutenant v. Voigt zwischen Bächen und Schluchten den Weg in der Dunkelheit. Oft mußte gehalten werden, damit die Zurückgebliebenen herankommen konnten. Endlich in der ersten Morgenstunde des 24. entdeckte er die Bahn in einem tiefen Einschnitte, über welchen dicht dabei ein Viadukt führte. In= genieur Zimmer aus Saarbrücken, der alle Strapazen mit dem Zuge getheilt hatte, übernahm die Zerstörung des Viadukts, Lieutenant v. Voigt diejenige der Schienen. Die Arbeit war schwierig. Zu sprengen war nichts, da die Pfeiler auf 3 Meter hohen Felssockeln aufgebaut waren. Brecheisen mußten die Stelle des Pulvers ver= treten. Endlich wurde von großen, vom Viadukt abgebrochenen und hinuntergeworfenen Quadersteinen eine Sperre errichtet, welche jeden Verkehr hemmte. Erst als es heller Tag geworden war, verließ die kleine Schaar den Platz. Zwei Stunden wurde noch im Walde geruht, worauf man um 10 Uhr in Zweibrücken anlangte. Herzlich beglückwünschten die bayerischen Offiziere ihren Kameraden. Premier= lieutenant v. Voigt meldete telegraphisch die Erfüllung seines Auf= trags an Major v. Pestel und faßte seinerseits den Entschluß, das bedeutendste Bauwerk der Bahnstrecke, die Brücke bei Saargemünd, zu zerstören. Am 25. brach er Abends 7 Uhr auf, diesmal verstärkt durch 20 bayerische Jäger und ebenso viele Pioniere, mit einem guten Führer, im Besitz von Karten und Zerstörungswerkzeugen.

Ein Gewitter zog auf, bald fiel strömender Regen, nur die Blitze erhellten auf Sekunden die stockfinstere Nacht. Gleichwohl ging es weiter. Da plötzlich fielen aus dem Dorfe Bliesbrücken zwei Schüsse, denen bald weitere folgten. Einen Augenblick stutzte die Kolonne, dann ließ Premierlieutenant v. Voigt die Jäger zum Angriff ausschwärmen, ihnen folgten die Pioniere geschlossen als Unterstützung. Die Ulanen waren rechts herausgezogen, der Führer selbst befand sich zu Pferde in Höhe der Schützenlinie. Das Dorf wurde genommen; doch nun kam vom jenseitigen Ausgang eine Salve, die auf größere feindliche Streitkräfte schließen ließ. Der Plan des Lieutenants v. Voigt war vorher durch Bauern aus der Grenzgegend südlich Zweibrücken verrathen worden, das ganze Dorf infolge dessen alarmirt. Die Zerstörung selbst war unmöglich geworden. Bei dem Dorfgefecht hatten zwei Pioniere Verwundungen erhalten. Während dieselben in dem nahe gelegenen Beinheim verbunden wurden, besetzten die Jäger die dortige Bliesbrücke, Pioniere und Ulanen den Uebergang bei Gersheim.

Nach fünfstündigem Rückmarsch langte Premierlieutenant v. Voigt wieder in Zweibrücken an, wo ihn der Befehl seines Kommandeurs traf, nachdem Leute und Pferde ausgeruht seien, nach Saarbrücken zurückzukehren.

Inzwischen hatte anscheinend der französische Aufmarsch Saarbrücken gegenüber seinen Fortgang genommen. Da kein Theil der Linie Forbach—Saargemünd mehr von Truppen ganz frei schien, so mußte Major v. Pestel seine Sicherung auf die vier nach Gersweiler, Forbach, St. Arnual und Brebach führenden Straßen ausdehnen. Am 22. sollte dann, wie ein Schreiben des Generals v. Moltke an das Regiment in Saarbrücken besagte, das Rheinische Dragoner-Regiment Nr. 5 in Alzei und am 24. in Kaiserslautern eintreffen. Mit diesem Regiment, das die Grenze sichern und die Bahnstrecke Ludwigshafen—Homburg beobachten sollte, war Verbindung aufzusuchen und zu erhalten.

Vorläufig waren jedoch die Ulanen, besonders im Aufklärungsdienst, noch lediglich auf ihre eigenen Kräfte angewiesen. Die wachsende Gefahr aber schien die Leute nur zu um so größerer Kühnheit anzuspornen, denn auch in der Folge verging kein Tag, an dem nicht schwache Patrouillen mit gefällter Lanze auf überlegene feindliche Abtheilungen losgeritten wären. Am 19. hatten zwei Ulanen den ersten Gefangenen gemacht, der alsbald in bekränztem

Wagen nach Coblenz transportirt wurde. Tags darauf sandte man ihm zwei seiner Kameraden nach, die ihn in seiner Einsamkeit trösten sollten. Im Uebrigen waren die Tage vom 20. bis zum 22. lediglich von kleinen Patrouillen= und Vorpostenzusammenstößen ausgefüllt, ohne daß in der Gesammtlage eine wesentliche Aenderung eingetreten wäre.

Durch den Korps=Generalarzt wurde das Regiment benachrichtigt, daß der bisherige Regimentsarzt, Oberstabsarzt Dr. Steinbicker, zum Chefarzt des 6. Feldlazareths ernannt und der Assistenzarzt Dr. Seidel ebenfalls zu dem genannten Lazareth versetzt worden sei. An ihrer Stelle wurden Stabsarzt Dr. Köhnhorn vom 5. Rheinischen Infanterie=Regiment Nr. 65 und der einjährig=freiwillige Arzt Dr. Hönig dem Regiment zugetheilt. Von Lieutenant Heydenreich, der am Abend des 16. mit dem Pferde gestürzt war und deswegen der Ersatz=Eskadron hatte überwiesen werden müssen, meldete diese letztere, daß sich derselbe durch einen abermaligen Sturz in Siegburg die Kniescheibe gebrochen habe.

Der Feind versammelte sich nach allen eingehenden Nachrichten am 20. auf der Linie Forbach—Saargemünd, während noch immer große Truppenmassen auf der Straße Metz—Forbach marschirten. Am 21. dehnte die feindliche Infanterie ihre Erkundungen bis nach der Goldenen Bremm und nach Gersweiler aus. Sie benahm sich indessen hier äußerst friedlich.

Während die Offiziere in einem Wirthshause „un bock" verlangten, kauften oder trieben die Mannschaften Brot und Kartoffeln ein. Da solche auch, obwohl noch ganz unreif, vielfach von den Franzosen auf den Feldern diesseits der Grenze gesammelt wurden, so bekamen Besatzung und Einwohnerschaft von Saarbrücken allmählich die Ueberzeugung, daß die vielgerühmte Bereitschaft der Franzosen mindestens hinsichtlich der Verpflegung zu wünschen übrig lassen müsse.

Da die französischen Stellungen auf bezw. hinter den Spicherer Höhen nur sehr schwer einzusehen waren, so wurde mit der Zeit die Aufgabe der einzelnen Patrouillen immer schwieriger. Hierdurch ließen sich aber die Leute nicht abschrecken, und so ritt u. A. am 22. der Gefreite Pieroth mit einigen Ulanen, unbekümmert um die ihn flankirenden Chasseurs, gegen die Höhe vor, um eine ihm befohlene Erkundung auszuführen. Von allen Seiten beschossen, wurde er schließlich am Oberschentel verwundet, doch auch dies konnte ihn nicht bestimmen, früher zurückzukehren, als bis er seinen Auftrag ausgeführt hatte.

Am 23. Juli wurde die bisherige Vorpostenaufstellung dahin geändert, daß immer zwei Schwadronen in der Kaserne wie in Alarmhäusern standen, von welchen der einen die Linie Gersweiler—Winterberg, der andern die Linie Winterberg—Brebach zur Sicherung überwiesen war. Die Infanterie wurde an die Ausgänge der Stadt verlegt, eine halbe Kompagnie an den Schanzenberg vorgeschoben. Gleichwohl wagten sich die Franzosen heute zum ersten Mal auf ihren Patrouillenritten bis Fürstenhausen, wobei sie von hier wie von Gersweiler aus die auf der andern Seite der Saar fahrenden Züge beschossen. Einen Erfolg hatte dies nicht, doch wurden bei den fortgesetzten Plänkeleien den französischen Patrouillen durch die diesseitige Infanterie regelmäßig Verluste beigebracht.

Nunmehr schienen plötzlich die Franzosen ihre Absicht ändern zu wollen, denn wie man von verschiedenen Seiten hörte, wurden in Saargemünd alle möglichen Vorsichtsmaßregeln getroffen und unter Anderem die Kassen ins Innere des Landes geschafft. Bei der Geflissentlichkeit, mit welcher besonders die letztere Nachricht verbreitet wurde, gewann es den Anschein, als hätte man das Detachement Saarbrücken, das man auf eine Division schätzte, nach Saargemünd hineinlocken und hier mit den bereitstehenden fünf Divisionen des 2. und 5. französischen Armeekorps erdrücken wollen.

Die Besatzung Saarbrückens ließ sich natürlich durch keine der französischen Maßregeln in ihrer ruhigen Haltung beirren. Gleichwohl hielt Major v. Pestel es für zweckmäßig, dem Feinde seine übertriebene Meinung der diesseitigen Stärkeverhältnisse nicht zu benehmen, sondern ihn darin noch zu bestärken. Um den feindlichen Vorposten doch einmal eine Abwechslung zu bereiten, da sie immer nur dieselbe Ulanenuniform sahen, patrouillirte man am 25. mit weißen Papierkragen. Andere Abtheilungen ließen die Lanzen zu Hause und zogen, mit Infanteriehelmen und aufgenommenem Säbel, als Dragoner verkleidet, aus, und endlich wurden mit den weißen Helmen der Feuerwehr und den Drillichjacken der Ulanen Kürassiere ausgeputzt. Die Saarbrücker lachten über diese neuesten Truppengattungen und hatten ihre Freude an dem Sonntagsvergnügen, das man den Franzosen bereitete.

Mit dem 25. Juli war auch die Kriegsrangliste endgültig festgestellt. Nach ihr waren die Offiziere wie folgt vertheilt:

Stab:

Kommandeur: Major v. Pestel.
Etatsmäßiger Stabsoffizier: Major Heinichen.
Regts. Adjutant: Lieutenant v. Engelbrecht.
Regts. Arzt: Stabsarzt Dr. Köhnhorn.
Assist. Arzt: einj.=freiw. Arzt Dr. Hönig.
Zahlmeisteraspirant Hirche.

1. Eskadron:

Rittm. Jouanne.
Pr. Lt. Rösingh.
Sek. Lt. Frhr. v. Sinner.
Portepeefähnrich Scriba.
Unteroff. b. Reserve Lignies.

2. Eskadron:

Rittm. v. Luck.
Pr. Lt. Kühls.
Sek. Lt. v. Pfannenberg.
 = = v. Haeseler.
 = = b. Res. Schultz.

3. Eskadron:

Rittm. Frhr. v. le Fort.
Pr. Lt. v. Voigt.

Sek. Lt. Thies.
 = = b. Res. Winekens.
 = = Zillikens.

4. Eskadron:

Rittm. v. b. Osten.
Pr. Lt. v. Müller I.
Aggr. Sek. Lt. Bauer.
Sek. Lt. Loeper.
Sek. Lt. b. Res. Gaedeke.

Ersatz=Eskadron:

Rittm. v. Wilcke.
Pr. Lt. v. Müller II.
Sek. Lt. Crause.
 = = Heydenreich.
Vizewachtm. b. Res. Karcher.
Zahlm. Pape.

Am Abend des 25. erhielt Major v. Pestel die Meldung, es seien etwa 70 Mann vom Feinde bis nach St. Arnual vorgedrungen und hätten hier mehrere Schüsse abgegeben. Er traf daher sofort die nöthigen Anordnungen, um sie abzuschneiden, doch gelang diese Absicht nicht, da die feindliche Abtheilung sich noch rechtzeitig zurück= gezogen hatte. — Beim Morgengrauen hörte man indeß im franzö= sischen Lager bei Forbach starkes Trommeln und Pfeifen. In Stiring wurde geläutet. Die Saarbrücker erwarteten infolge dessen einen Angriff, zumal am vergangenen Nachmittag und Abend viel lebhafter patrouillirt worden war, als sonst, und auch die Bauern stärkere Bewegung im feindlichen Lager beobachtet haben wollten. Trotz des nächtlichen Alarms wurde gegen Morgen wieder Alles ruhig. Rittmeister v. le Fort stellte fest, daß der Feind seine Vor= posten weiter zurückgezogen hatte.

Ein wohlthätiger Gewitterregen hatte während der Nacht die Luft gereinigt, nachdem die Truppen unter der großen Hitze der letzten Tage bereits recht gelitten hatten. Am 26. langte das 5. Dragoner-Regiment, mit zwei Schwadronen in Einöd, mit je einer bei Lautzkirchen und Zweibrücken an. Während der beiden letzten Tage hatte Lieutenant v. Haeseler auf dem Elsterstein mit dem Regiment Verbindung gehalten; da mit diesem Tage die Vorpostenlinie geschlossen war, so konnte dieser zu seiner Schwadron zurückkehren.

Da inzwischen eingegangene Meldungen ein abermaliges Vorgehen der Franzosen gegen St. Arnual vermuthen ließen, so wurde eine Abtheilung von 50 Füsilieren und einigen Ulanen zur Erkundung vorgeschickt. Unmittelbar hinter Saarbrücken erhielt dieselbe aus dem Stiftswalde heftiges Feuer. Sie mußte daher, nachdem sie noch eine Strecke vorgedrungen war, umkehren. Nur der Gefreite Pieroth sprengte, von seiner Verwundung kaum wiederhergestellt, in der Absicht, die Stärke des Feindes festzustellen, gegen den Waldrand vor, bis er schließlich, da sein Pferd ihm unter dem Leibe erschossen und er selbst abermals verwundet war, zu Fuß zurückkehren mußte.

Durch Telegramm vom 25. hatte General v. Moltke befohlen, ihm sämmtliche Regimentsnummern von Todten, Verwundeten, Gefangenen und Deserteuren telegraphisch zu melden. Nachdem unmittelbar darauf mit Nennung der Regimenter Nr. 66, 67 und von fünf Eskadrons Chasseurs d'Afrique geantwortet worden war, konnte Major v. Pestel am 27. abermals an den Chef des Generalstabes telegraphiren. Es waren nämlich Gefangene vom 8. und 23. Linien-Regiment eingebracht; zudem hatte sich die Nachricht, daß in Forbach und Saargemünd großer Mangel an Lebensmitteln herrsche, so entschieden bestätigt, daß auch dies nach Berlin gemeldet werden konnte.

Für den 27. war von Seiner Majestät allgemeiner Bettag befohlen worden; doch durfte dies die Aufmerksamkeit der Grenzwacht nicht stören, und gerade an diesem Tage liefen die Meldungen der Patrouillen häufiger und ausführlicher denn je ein. Im Stiftswald von St. Arnual und in Groß-Blittersdorf waren ausgedehnte Zeltlager von Infanterie und Kavallerie gesehen worden. Der Feind zerstörte den preußischen Theil der Saargemünder Eisenbahnbrücke und riß auch auf der freien Bahnstrecke die Schienen auf. Auf dem Spicherer Berge waren schon am Abend des 26. in der Dunkelheit Geschütze aufgefahren, die auch am Morgen des 27. wegen des Nebels nicht zu sehen waren. Man bemerkte sie erst, als der Feind einen Theil davon im Laufe des Tages gegen Forbach zurückzog.

Die 1. Schwadron, die bis dahin in Saarlouis verblieben war, wurde heute unter Zurücklassung von fünfzig dem Premierlieutenant Rösingh unterstellten Reitern zu dem Füsilier-Bataillon 69. Regiments kommandirt, das die Brücke bei Völklingen besetzt hatte. Die Patrouillen, welche von hier aus gegen Ludweiler und Stiring vorgingen, meldeten, daß auch dieser westliche Theil des Stiftswaldes vollständig besetzt sei; sie selbst waren schon auf weite Entfernungen heftig beschossen worden.

Auch am 28. blieb noch feindliche Artillerie auf den Spicherer Höhen stehen, und man konnte von Saarbrücken aus selbst beobachten, wie die Geschütze eingegraben wurden. Als unbekümmert hierum die Bewohner von Saarbrücken sich in dichten Haufen auf dem hochgelegenen Exerzirplatz zeigten, trieb der Feind die Menge mit Granaten auseinander. Die Bürger, welche jetzt schon ein Bombardement der Stadt besorgten, geriethen in die größte Aufregung, doch nach 14 bis 15 Schuß schwiegen die Geschütze wieder, ohne diesseits Verluste verursacht zu haben.

Dagegen forderte der Patrouillendienst heute sein erstes Opfer. Durch das ungenaue Zielen der französischen Schützen waren die Ulanen zu sehr an Salven und Schnellfeuer gewöhnt, als daß sie sich bei den täglichen Erkundungen ohne Weiteres hierdurch hätten zur Umkehr bewegen lassen. So ritt auch eine Patrouille der 4. Schwadron, obgleich schon auf weite Entfernung heftig beschossen, weiter gegen die Folster Höhe bei Spicheren vor, als plötzlich der Ulan Klaiber todt vom Pferde sank. Eine feindliche Kugel war ihm mitten durch den Kopf gedrungen.

Der folgende Tag, der 29., sollte die Lage wesentlich ändern. Der Feind ging in großen Massen gegen St. Arnual und Gersweiler vor. Unter heftigem Gewehrfeuer und großer Munitionsverschwendung hielt er den Wald bei St. Arnual und Gersweiler stark besetzt. Zwischen letzterem Ort und Stiring standen hinter dem Drahtzug 2 Infanterie- und 2 Kavallerie-Regimenter. Major v. Pestel sah ein, daß Alles auf dem Spiele stand, wenn nicht durch einen entschlossenen Angriff die alten Stellungen behauptet würden. Mit der 8. Kompagnie 40. Regiments und geringer Ulanenbedeckung ging er gegen den Wald vor; der Vorstoß gelang, um 5 Uhr konnte nach Trier und Coblenz die Meldung abgeschickt werden, daß der Wald frei, der Feind in seine gestrige Stellung zurückgegangen sei. Bei dem siegreichen Angriff war der Ulan Müller der 3. Eskadron gefallen; ein Schuß durch die Brust hatte ihn auf der Stelle getödtet. Es waren ferner ein Pferd todt und zwei verwundet. — Der Feind verließ nunmehr auch Gersweiler, nachdem er dort eine Furt durch die Saar erkundet hatte. Als er dann weiter die zerstörte Eisenbahnbrücke bei Saargemünd wieder hergestellt hatte, wurde dort außerdem noch eine Schiffbrücke geschlagen.

Auf die Meldung von diesen Ereignissen traf noch am selben Abend aus Berlin an den am 26. Juli zum Oberstlieutenant ernannten Regimentskommandeur die Weisung ein, mit der Kavallerie zwar den Feind unausgesetzt zu beobachten, mit der Infanterie dagegen auf Sulzbach oder Bildstock abzumarschiren. Da aber inzwischen General v. Goeben angeordnet hatte, daß die beiden übrigen Bataillone Regiments Nr. 40 am 31. Juli nach Saarbrücken heranrücken sollten und daß für den Fall eines Rückzuges von dort ein Aufnahmedetachement bei Lebach bereit stände, so glaubte Oberstlieutenant v. Pestel sich unter diesen Umständen auch ferner noch auf seinem vorgeschobenen Posten behaupten zu können. Er meldete dies telegraphisch an das Generalkommando, und ein daraufhin vom General v. Goeben nach Berlin gerichteter Antrag wurde zustimmend beantwortet.

Schon stand am Morgen des 31. die Infanterie des Detachements zum Abmarsch aus Saarbrücken bereit, als die telegraphische Genehmigung aus Berlin eintraf, so daß nunmehr Oberstlieutenant v. Pestel seine Stellung wieder einnehmen konnte.

Am Abend des Tages langten zwei Schreiben des Generals Grafen Gneisenau an; der General war danach mit 3 Bataillonen, 2 Eskadrons Husaren und 2 Batterien bei Hilschbach angekommen und stand im Begriff, hier eine Aufnahmestellung für das Detachement Saarbrücken zu beziehen. Als Gegenstück zu dieser Nachricht traf aus Saargemünd eine Meldung ein, nach welcher die Umgegend dieser Stadt nach ungefährer Schätzung mit einer vollzähligen französischen Division besetzt sei. Schützengräben und Schanzen seien angelegt und in der Verlängerung der wiederhergestellten Saarbrücke Kolonnenwege hergerichtet. Am Morgen waren zwei Militärzüge dort angekommen, von welchen einer mit einem reich beflaggten Waggon versehen war, ein Umstand, der auf die Ankunft eines höheren Führers schließen ließ.

Eine weitere Meldung besagte, daß sämmtliche bei St. Avold versammelten Truppen des Gegners den Vormarsch auf Forbach angetreten haben sollten. Hiermit war indeß die Thätigkeit des Feindes vor der Saarbrücker Front noch immer nicht erschöpft. Die Ausschiffungen bei Stiring nahmen ihren Fortgang, und im Allgemeinen gewann Oberstlieutenant v. Pestel hierbei den Eindruck einer Rechtsschiebung der gesammten hier befindlichen französischen Streitkräfte, denn während es bei Forbach allmählich ruhiger, Sierck mehr und mehr von Truppen entblößt wurde, schob der Feind seine Vorposten über Bitsch hinaus bis auf 500 Schritt an das Dorf Hannweiler. Zwei Kolonnenbrücken wurden in unmittelbarer Nähe von Saargemünd über die Blies geschlagen, und von Hannweiler traf die Meldung von einer dritten Saar-Ueberbrückung zwischen Saargemünd und Wölferdingen ein.

Mit dem 31. Juli trat das Regiment auch in die allgemeine Ordre de bataille und gehörte nunmehr zur

I. Armee: General der Infanterie v. Steinmetz,
3. Kavallerie-Division: Generallieutenant Graf von der Groeben,
6. Kavallerie-Brigade: Generalmajor v. Mirus.

Schon am 25., dem Tage, an welchem diese Ordre de bataille ausgegeben worden war, hatte General v. Mirus seine „besondere Freude" über diese Zutheilung ausgesprochen und hatte den Regimentskommandeur gebeten, dies dem Offizierkorps mitzutheilen. Generallieutenant Graf von der Groeben erließ zu gleicher Zeit einen Divisionsbefehl, in welchem u. A. betont wurde, keine Truppe dürfe ohne Reserve attackiren; außerdem solle ein besonderer Werth auf den Flankenangriff gelegt werden. General v. Steinmetz erklärte in seinen „Bemerkungen vom 25. Juli", es werde sich bei dem bevorstehenden Kriege wieder mehr um den Kampf um Oertlichkeiten handeln, und dürfe hier bei gegebener Defensivstellung die Offensive nicht vergessen werden. Hieran schlossen sich für die Kavallerie längere Auseinandersetzungen über die Bewegung in mehreren Treffen. Im Eingange war auch bemerkt, es seien selbst unter den schwierigsten Verhältnissen eigenmächtige Erleichterungen der Mannschaften in Bezug auf Anzug und Marschordnung auf keinen Fall zu dulden. —

Noch ehe jedoch die befohlene Eintheilung zur Thatsache wurde, war es dem Regiment beschieden, in Verhältnissen, welche der alten

Selbstständigkeit entsprachen, im ersten Gefecht des Feldzuges mitzuwirken. Auch fand noch eine Veränderung der Kriegsrangliste statt, indem Premierlieutenant v. Müller II., der, als auf Remontekommando befindlich, der Ersatz=Schwadron zugetheilt war, durch den Lieutenant der Reserve Winelen abgelöst wurde.

Am 1. August traf Generalmajor Graf Gneisenau mit seinem Detachement bei Saarbrücken ein und wählte hier eine Stellung hart hinter der Eisenbahn aus. Auch der Tags zuvor eingetroffene kommandirende General des 8. Armeekorps, General der Infanterie v. Goeben, besichtigte an diesem Morgen die Stellungen und begab sich sodann nach Wabern zurück.

Im französischen Lager zeigte sich an diesem Tage große Bewegung, lange Bahnzüge näherten sich von Forbach bis gegen den Drahtzug hin. Da zudem der Feind von den Dörfern Groß= und Klein=Rosseln aus einen sehr lebhaften Patrouillengang unterhielt, so wurde der Gefreite Lutter der 1. Eskadron mit drei Ulanen gegen die genannten Orte vorgeschickt. In Geislautern traf die Patrouille auf feindliche Chasseurs à Cheval. Diese feuerten auf die Ulanen, die Kugeln gingen aber zu hoch, und der Gefreite Lutter attackirte mit seiner Patrouille die Spitze der feindlichen Kolonne, welche sofort Kehrt machte und dadurch die dahinter folgende Abtheilung veranlaßte, das Gleiche zu thun. Nachdem er die Verfolgung des 50 Pferde starken Feindes so weit als möglich fortgesetzt, traf er auf vier französische Soldaten, die als Frauenzimmer verkleidet seit mehreren Tagen Spionage trieben. Zum Schluß ließ er dann noch eine französische Signal=Lokomotive zerstören, nachdem die Bedienungsmannschaft heruntergeschossen worden war. Für die bewiesene Umsicht und Entschlossenheit wurde Lutter von General v. Goeben persönlich belobt und zwei Tage später durch Regimentsbefehl zum Unteroffizier befördert.

Durch diese und andere Patrouillen war festgestellt worden, daß der Wald von St. Arnual abermals vom Feinde in seiner ganzen Ausdehnung besetzt worden war. Trotzdem herrschte noch am Morgen des 2. August dieselbe Ruhe, wie an den vorhergehenden Tagen. Diesseits waren die 2. und 3. Eskadron auf Vorposten, d. h. bis auf die Bedetten in Alarmhäusern versammelt, die 4. lag in Dudweiler. Den äußersten Vorpostendienst versah ein Zug 2. Rheinischen Husaren=Regiments Nr. 9, um den Feind in der Ansicht zu bestärken, es seien in Saarbrücken die verschiedensten Truppen befindlich.

— Zu Patrouillen wurden jedoch nach wie vor Ulanen verwendet, da diese von den Felddienstübungen her jeden Weg und Steg an der Grenze kannten. General Graf Gneisenau, welcher die Stellung besichtigt hatte, sandte zur stärkeren Besetzung des Rothen Hofes noch eine Kompagnie, außerdem zwei Geschütze, welche anfangs auf dem Exerzirplatz, später bei Brebach aufgestellt wurden.

Gleich nach 10 Uhr traf von den Patrouillen die Meldung ein, daß französische Kräfte in starken Kolonnen von den Spicherer Höhen gegen Saarbrücken marschirten. Eine telegraphische Depesche aus Blittersdorf meldete gleichfalls den Abmarsch größerer Truppenmassen von Saargemünd. Der Feind rückte in zwei Treffen mit starken Schützenlinien auf der Linie Spicheren—Drahtzug vor und sandte die Hauptmasse auf den Rothen Hof und den Exerzirplatz vor. Die herbeigeeilten Kompagnien besetzten jedoch noch rechtzeitig die Linie zwischen den genannten Punkten und eröffneten aus ihrer gedeckten Stellung ein lebhaftes und sehr wirksames Feuer auf die dicht geschlossenen feindlichen Kolonnen. Dieselben marschirten unter starkem Feuer weiter vor, so daß schließlich die preußische Infanterie vor der Uebermacht langsam zurückweichen mußte. In den Gärten auf dem „Triller" nahm der Kampf an Heftigkeit zu. Die beiden Ulanen-Eskadrons waren schon bei der Annäherung des Feindes seitwärts auf den Raschpfuhl zurückgenommen worden. Um 11¼ Uhr schickte Graf Gneisenau das 3. Bataillon 40. Regiments zur Unterstützung vor, wodurch der Kampf neue Nahrung erhielt, bis schließlich die Infanterie der Befehl traf, sich zurückzuziehen. Denn da die Stadt gegen eine solche Uebermacht nicht zu halten war, so wollte man die Einwohner, die seit Beginn der Mobilmachung kein Opfer gescheut hatten, einem unnützen Straßenkampfe nicht aussetzen. Gegen 12 Uhr trat daher eine kurze Pause ein, als plötzlich nach etwa 20 Minuten eine auf dem Exerzirplatz aufgefahrene feindliche Batterie die diesseitige Infanterie-Reserve und die über den Bahnhof zurückgehenden Kompagnien mit Granaten und Schrapnels zu beschießen anfing. Die Linie Winterberg—Exerzirplatz war bald mit starken feindlichen Kolonnen besetzt, welche gegen unsere Infanterie ein heftiges Salven- und Schnellfeuer eröffneten. Trotzdem vier beim Raschpfuhl aufgefahrene preußische Geschütze das Feuer erwiderten, suchte sich die feindliche Artillerie auch noch den Bahnhof als Zielpunkt aus, welcher stark beschädigt wurde. In der Stadt brach an mehreren Stellen Feuer aus. Allem Anschein nach waren außerdem auf dem Exerzirplatz Mitrailleusen aufgefahren, welche unsere Infanterie zwar heftig aber ohne Erfolg beschossen.

Um 3 Uhr war die Stadt geräumt, und die französischen Schützen waren bis an die Eisenbahn heruntergestiegen; allmählich hörte das Feuer auf. Auch die bei Brebach stehende Infanterie sowie die beiden dort befindlichen Geschütze zogen sich langsam zurück. General Frossard hatte mit 40 Bataillonen, 16 Schwadronen und 72 Geschützen Saarbrücken angegriffen. Die Verluste des Regiments beschränkten sich auf ein Pferd, das bei Brebach durch eine Granate getödtet wurde. Bei der Infanterie waren 8 Mann gefallen, 4 Offiziere und 64 Mann verwundet und 7 Mann vermißt, während der Verlust des Gegners sich auf 6 Offiziere und 80 Mann belief.

Die 4. Eskadron hatte während des Gefechts eine beobachtende Aufstellung auf der Straße von Dudweiler genommen und zog sich später über genannten Ort und Fischbach nach Hilschbach heran, wo im Regimentsverbande biwakirt wurde.

Die 50 Reiter der 1. Eskadron, welche bei Völklingen verblieben waren, wurden dort gleichfalls mit Granaten beworfen, ohne indeß Verluste zu erleiden. Abends zog sich die Abtheilung ebenfalls nach Hilschbach heran.

Dem Regiment war es nicht vergönnt gewesen, mit einem geschlossenen Angriff gegen den Feind die Periode von Saarbrücken zu beschließen. Und doch kann man das, was das Regiment in dieser Zeit geleistet hatte, wohl mancher schönen Attacke zur Seite stellen.

„Fast 14 Tage lang", so schließt das Generalstabswerk den Gefechtsbericht, „hatten die schwachen Abtheilungen unter Oberstlieutenant v. Pestel der feindlichen Armee unmittelbar gegenübergestanden. Die Zähigkeit, mit welcher sie im Gefecht bei Saarbrücken ihre Stellung bis aufs Aeußerste festhielten, war ein würdiger Abschluß jener standhaften Ausdauer."

Sechster Abschnitt.
Vor Metz.

Hatte bis jetzt das Regiment fast allein dem Feinde gegenübergestanden, als die gesammte Armee erst im Vormarsch gegen die Grenze begriffen war, so mußte es sich nun leider während der ersten Hauptschlachten mit einem Platz in zweiter Linie begnügen.

Am Morgen des 3. August erhielt das Regiment Befehl, nach Neunkirchen abzumarschiren, um in den neuen Verband der 3. Kavallerie-Division einzutreten. Von dort aus zog sich am nächsten Tage die Kavallerie-Division nach St. Wendel, woselbst Fühlung mit der II. Armee gewonnen wurde. — Der 5. August war seit drei Wochen der erste Ruhetag des Regiments. Die große Achtel-Rechtsschwenkung der ganzen Front um den Drehpunkt Saarbrücken hatte begonnen, und es mußte hierdurch die I. Armee vorläufig zur Unthätigkeit verurtheilt werden. Aus der Heimath vernahm man mit Bedauern, daß die feindliche Artillerie in der vergangenen Nacht den Bahnhof St. Johann in Brand geschossen und auch noch sonst stark gegen die Stadt gewüthet hatte.

Noch im Laufe des 5. traf beim Oberkommando der I. Armee ein Telegramm des Generals v. Moltke ein, wonach von dieser die Straße St. Wendel—Ottweiler zu Gunsten der Armee des Prinzen Friedrich Karl zu räumen war. General v. Steinmetz befahl daher eine allgemeine Verschiebung der Quartiere in südwestlicher Richtung, wodurch sich die Armee wieder bis auf einen Tagemarsch der Saar näherte und nun in der rechten Flanke der II. Armee genügenden Raum zu eigener freier Bewegung erhielt. Um 10 Uhr traf das Regiment in Lebach ein, woselbst die ganze Division, bestehend aus den Ulanen-Regimentern Nr. 5, 7 und 14, dem Kürassier-

Regiment Nr. 8 und einer reitenden Batterie des Feld-Artillerie-Regiments Nr. 7 gesammelt wurde. Man befand sich hier in einer Entfernung von 50 km von Saarbrücken und war an diesen Platz gebunden, um die rechte Flanke der I. Armee zu sichern; ein Eingreifen der Division in die Spicherer Schlacht war mithin ausgeschlossen.

Noch ehe das Regiment seine neuen Quartiere Nalbach und Piesbach erreicht hatte, begegnete es dem Premierlieutenant Röfingh, welcher sich mit seinem Kommando von 50 Reitern aus Saarlouis zurück meldete. Am 7. ging es nach Saarwellingen, am 8. nach Derlen, wo unter strömendem Regen im Divisionsverbande biwakirt wurde. Erst als gegen Mittag dem Regiment das Dorf Grieshorn zum Kantonniren angewiesen war, ließ der Regen nach. Am Abend trafen die Reserveoffiziere Premierlieutenant Papendick und Lieutenant Zillikens ein. Es gelangte hiermit das Regiment auf den Etat von:

21 Offizieren,
64 Unteroffizieren,
12 Trompetern,
516 Ulanen,

69 Offizierpferden,
602 Dienstpferden,
37 Trainpferden.

Am 10. war wieder Divisionsbiwak auf dem linken Saar-Ufer bei Ueberherrn, abermals in unaufhörlichem Regen. Abends um 7 Uhr wurde ausgerückt, und 2 Stunden später überschritt die Division auf der Straße nach Metz die Grenze. In Teterchen blieb Alles von 1 Uhr Nachts bis Morgens 3½ Uhr abgesessen halten hierauf marschirte die Division nach Bettange weiter, woselbst gegen 7 Uhr Morgens Biwak bezogen wurde. Hier verblieb das Regiment, bis es am Morgen des 13., zur Avantgarde der Division bestimmt, das bisherige Avantgarden-Regiment, die 14. Ulanen, ablöste und, mit der 1. Schwadron als Vortrupp, auf der Straße von Bry über Avancy gegen Metz vorrückte. Zwischen den Dörfern Gomelange und Burlencourt erreichte man die etwa 10 km westlich der politischen Grenze belegene französische Sprachgrenze. — Auf dem Plateau von St. Barbe angekommen, erhielt die Spitze bei dem Dorfe Brémy von verdeckt liegender Infanterie derartiges Feuer, daß an ein weiteres Vorgehen nicht zu denken war. Es wurden also Vedetten auf der Linie St. Barbe—Vigy aufgestellt, der Rest des Regiments hielt bei Avancy. Von der Höhe hatte man weite Aussicht auf das vor Metz liegende feindliche Lager. Da plötzlich von dort aus aufgelöste Schützenlinien vorgingen, so wurde die Division alarmirt. Später indeß zeigte sich nichts vom Feinde.

Da die Kavallerie-Division sich auf dem äußersten rechten Flügel der I. Armee befand und leicht von Diedenhofen her hätte beunruhigt werden können, so wurde die 2. Schwadron nach Vigy mit dem Aufträge geschickt, Patrouillen gegen die Mosel und Diedenhofen vorzutreiben. Darauf hin entsandte Rittmeister v. Luck den Premierlieutenant v. Müller I. mit 15 Ulanen, und diesem gelang es, trotzdem die Umgebung der Festung vom Feinde stark besetzt war, bis an die Wälle vorzubringen. Hier zwang ihn heftiges Infanteriefeuer zur Umkehr; durch diese Erkundung aber war die Kavallerie-Division meilenweit über den Feind sowohl wie über das Gelände vollständig aufgeklärt. Eine zweite Patrouille gegen die Mosel erreichte unter Führung des Unteroffiziers v. Schierstädt den Fluß bei Hauconcourt, von wo aus sie auf einer Fähre zum linken Ufer gelangte. Nachdem auch hier in weitem Umkreise nichts vom Feinde gefunden worden war, kehrte Unteroffizier v. Schierstädt auf demselben Wege, wie er gekommen, zu seiner Eskadron zurück. — In der linken Flanke gewann das Regiment Fühlung mit den 10. Dragonern, einem der beiden Avantgarden-Regimenter des 1. Armeekorps.

Am Morgen des 14. lösten die 3. und 4. Schwadron die 1. und 2. im Vorpostendienst ab; Premierlieutenant v. Müller II. erhielt den Auftrag, von Vigy über Charly und Malroy bis an die Mosel hin den dort vordringenden Feind zu erkunden und wenn möglich zurückzuwerfen. Vor dem Dorfe Charly zeigte sich feindliche Kavallerie, welche sich aber sofort in den Ort zurückzog. An der Spitze seiner Patrouille den Feind in schnellster Gangart verfolgend, kam Lieutenant v. Müller bis auf 60 Schritt an den Dorfrand heran, als sein Pferd von sieben feindlichen Kugeln zu Boden gestreckt wurde. Unter dem Schutze seiner heransprengenden Patrouille, von welcher ihm zuletzt nur der Unteroffizier Bankrath zu folgen vermocht hatte, ging er zurück, um dann auf einem Schwadronspferde nochmals gegen das Dorf vorzubringen. Vergeblich, ein Angriff gegen die gesperrten Dorfeingänge konnte ohne Infanterie keine Aussicht auf Erfolg bieten. Unteroffizier Bankrath wurde verwundet, sein Pferd erschossen.

Noch ehe die Patrouille zurückgekehrt war, wurde die Division gegen 8 Uhr früh alarmirt, doch schienen sich die Meldungen, welche diesen Alarm herbeigeführt hatten, nicht zu bestätigen. Auch gegen Mittag sah man zwar im feindlichen Lager große Truppenbewegungen, anscheinend in der Richtung auf St. Barbe, doch fand ein Vormarsch wiederum nicht statt. Plötzlich wurde zwischen 4 und 5 Uhr, als die Regimenter eben zum Gottesdienst versammelt waren, Kanonendonner hörbar, und es traf eine Meldung ein, nach welcher der Feind das 1. Armeekorps angegriffen hatte. Die 4. Eskadron rückte sofort unter Oberstlieutenant v. Pestel vor, während die 1. und 2. unter Major Heinichen folgten, die 4. Schwadron ritt querfeldein in der Richtung auf Poix, wandte sich dann hinter Brémy auf die östliche Seite der Chaussee und ging gegen die feindliche Stellung vor. Bald darauf schlugen Granaten in solcher Menge ein, daß eine verdeckte Aufstellung genommen werden mußte. Ein weiteres Vorgehen war hier ohne Infanterie nicht möglich, da hinter den verdeckt stehenden feindlichen Bataillonen große Infanteriemassen sichtbar waren. Die französischen Geschütze unterhielten ihr Feuer hauptsächlich gegen diesseitige Artillerie, welche südöstlich der Chaussee Boulay—Metz aufgefahren war. Da die Vertreibung der feindlichen Artillerie dringend geboten schien, so ging der Kommandeur mit einem Theile der 4. Eskadron in das Thal östlich der Chaussee auf Villers l'Orme vor. In demselben Augenblick rückten jedoch große Infanteriemassen an, und die beabsichtigte Attacke mußte unterbleiben.

Die 1. und 2. Eskadron ritten über St. Barbe auf der Chaussee Boulay—Metz auf den Kanonendonner los. Sie nahmen mit der Avantgarden=Batterie der 2. Division Stellung westlich der Chaussee, woselbst eine halbe Stunde später auch die übrigen Regimenter der Division unter Generallieutenant Graf von der Groeben eintrafen. Zwei Mal mußte die Stellung des Granatfeuers wegen gewechselt werden; mit dem Sinken der Sonne nahm das Gefecht immer mehr an Heftigkeit und Ausdehnung zu. Unter sehr starken Verlusten wurden schließlich Noisseville und Servigny von der Infanterie genommen. Die Franzosen wurden stark gedrängt und zogen sich auf Metz zurück. Gegen 8½ Uhr rückte das Regiment in seine alten Vorpostenstellungen wieder ein. Die 3. Eskadron war zur Sicherung der rechten Flanke in Vigy geblieben. Im Treffen selbst hatte das Regiment keine Verluste gehabt, wiewohl es heftigem Granatfeuer mehrere Male ausgesetzt gewesen.

In der Frühe des 15. führte Oberstlieutenant v. Pestel, wie

häufig, persönlich mehrere Patrouillen des Regiments und gelangte ungehindert über das Schlachtfeld bis an die Mauern des Fort St. Julien. Da auch alle sonstigen Patrouillen übereinstimmend das Vorgelände auf der Ostseite von Metz fast frei vom Feinde gemeldet hatten, so ordnete General v. Steinmetz an, es sollten die Korps im Laufe des Tages eine Aufstellung zwischen Courcelles-Chaussy und Orny nehmen, die beiden Kavallerie-Divisionen von Avancy und Verny aus gegen Metz beobachten. Hiermit war die Verschiebung der ganzen Armee nach links eingeleitet, welche mit dem Uebergange des 7. und 8. Armeekorps über die Mosel ihren Abschluß finden sollte.

Nachmittags 5 Uhr löste die 2. Eskadron die 4. im Vorpostendienst ab und sicherte nunmehr durch ihre Vedetten den Abschnitt Servigny—Poix—Charly—Malroy bis zur Mosel. Die 3. Eskadron blieb zur Deckung des rechten Flügels der Armee in Vigy, die 1. und 4. bezogen Biwak bei Avancy. Da jedoch die Linie Servigny—Malroy zu lang für eine Schwadron war, so wurde am 16. die 3. Eskadron nach Charly vorgezogen, um nun ihrerseits bis zur Mosel zu sichern. Kaum war jedoch diese neue Anordnung getroffen, als gegen 11½ Uhr Morgens das Regiment Befehl erhielt, den Abmarsch der Division nach Mécleuves in der rechten Flanke und im Rücken zu sichern. Zwei Stunden später stand es am Kreuzungspunkt der Straßen Avancy—Metz und St. Barbe—Vigy, um dann, der großen Bagage folgend, den Marsch der Division zu decken. Das Regiment marschirte über St. Barbe, Retonfay, Colligny, Courcelles, während Premierlieutenant v. Müller als rechte Seitendeckung über Flanville, Ogy, Marsilly nach Mécleuves gelangte. Am 17. war nun die 2. Eskadron zur Deckung der Bagage kommandirt, der Rest des Regiments marschirte im Divisionsverbande nach Coin-les-Cuvry, woselbst um 6½ Uhr Abends Biwak bezogen wurde.

Hier blieb das Regiment die nächsten drei Tage, doch konnte trotzdem Leuten und Pferden nicht viel Ruhe gegönnt werden. Da fast alle Truppen lediglich auf Beitreibungen angewiesen waren, so mußten solche Kommandos meist mehrere Meilen weit fortgeschickt werden, und doch war Hafer auch dann fast nirgends mehr zu finden. Gleichwohl war, da seit dem Einrücken in Frankreich die Witterung fast ununterbrochen günstig blieb, der Gesundheitszustand von Mann und Pferd ein befriedigender. Auch die Zahl der Satteldrücke war nicht groß zu nennen, obgleich im Biwak stets ein Theil des Regiments gesattelt und vollkommen marschfertig bleiben mußte.

Am Tage nach der Schlacht bei Gravelotte übernahm Prinz Friedrich Karl den Oberbefehl über sämmtliche vor Metz zurückbleibenden Truppen, und 3 Tage später wurde die Einschließung der Festung befohlen. Die Division bezog Biwak bei dem 4 km entfernt gelegenen Coin-sur-Seille und erhielt hier den Befehl zum Bauen fester Baracken. Schon am 24. wurde jedoch das Regiment zur Uebernahme der Vorposten kommandirt. Zur Deckung des Abschnitts Orly—Pouilly ging die 3. Schwadron nach Augny, die 4. nach Haute Rive, während der Rest des Regiments bei Ferme Prayette verblieb. In Pouilly lehnte sich das Regiment an die 8. Kürassiere, in Orly an das 7. Armeekorps an. Das mit zahlreichen Waldparzellen bedeckte und durch Wasserläufe durchschnittene Gelände war äußerst schwierig zu decken, zumal gar keine Infanterie vorhanden war.

Etwa 3000 Meter vor Augny lag eine frisch aufgeworfene Feldschanze, welche zeitweilig besetzt war und ein weiteres Vordringen verhinderte. Am nächsten Morgen, den 25. August, löste die 1. Schwadron die 3. auf Vorposten östlich Augny ab. Lieutenant v. Haeseler hatte mit dem 1. Zuge die Feldwache und stand mit dieser am Park von Augny. Das vorliegende Gelände war ganz frei und wurde von den Franzosen, welche zeitweilig die Schanze St. Privat besetzt hatten, beschossen, so daß die diesseitigen Vedetten eine sehr gefährdete Stellung hatten. Aus diesem Grunde wurden der Feldwache ein Sergeant und 10 Mann vom 74. Regiment beigegeben. Aber auch das Gelände östlich und westlich der Schanze hatten die Franzosen besetzt. So war der Tag unter ziemlich andauerndem Feuern des Feindes, welchem unsere Vedetten nichts als größte Kaltblütigkeit entgegenzusetzen hatten, fast verstrichen, als gegen 4 Uhr Oberstlieutenant v. Pestel mit seinem Adjutanten zu Lieutenant v. Haeseler kam und diesem seine Absicht mittheilte, gegen die Schanze vorzugehen. Die Infanterie sollte den Chausseegraben als Deckung benutzen, der Ulanenzug folgen, während eine rechte Seitenpatrouille unter Unteroffizier Rabloff gegen die Mühle La Papéterie vorritt. Lieutenant v. Haeseler nahm seine nächste Vedette als Spitze und ritt mit ihr in scharfem Trabe auf die Schanze zu, jeden Augenblick gewärtig, Feuer aus derselben zu erhalten. Sie war indeß im Augenblick nicht besetzt. Nun galt es, den Eingang zu finden, da der tiefe Graben kaum durchklettert werden konnte. Als die Ulanen dabei um die westliche Ecke bogen, erhielten sie starkes Feuer aus einem rückwärts gelegenen Schützengraben, blieben aber halten, um zunächst zu beobachten, und wandten sich, nachdem Lieutenant v. Haeseler den Eingang auf der anderen Seite entdeckt hatte, dorthin. Auch hier erhielten sie Feuer. Inzwischen war auch Oberstlieutenant v. Pestel herangekommen; nun ging es in die Schanze hinein und sogar oben auf die Brustwehr hinauf. Ein Theil der Infanteristen war mittlerweile auch herbeigekommen, während sich einige mit den bei La Papéterie und in dem Wäldchen befindlichen Franzosen herumschossen. Die in der Schanze befindlichen Blockhäuser und Bretterbuden wurden angezündet. Auch die weiter rückwärts gelegenen Gebäude, besonders das mit frischem Getreide gefüllte Magazin St. Ladre, wurden ebenfalls den Flammen übergeben.

Währenddessen hatte Oberstlieutenant v. Pestel die Meldung über diese Ereignisse an den General v. Steinmetz geschickt, worauf dieser ihn beglückwünschen und gleichzeitig anweisen ließ, die Schanze dem Erdboden gleichzumachen. Diesen Befehl gab Oberstlieutenant v. Pestel nach Frescaty an die dort liegenden Truppentheile zur Ausführung weiter, worauf eine Pionier=Kompagnie und 2 Infanterie= Bataillone zur Ausführung desselben vorrückten. Die Ulanen zogen sich in ihre alte Vorpostenstellung zurück, indessen konnte auch die Infanterie wegen des immer heftiger werdenden Feuers nicht mehr lange in der Schanze bleiben. Sie verließ dieselbe, ohne die Zer= störung vollständig ausgeführt zu haben. Bis in die Nacht hinein aber boten die brennenden Blockhäuser einen prächtigen Anblick, und mächtigen Raketen gleich stiegen die Feuergarben zum dunkeln Abend= himmel hinauf.

Auch sonst waren in dieser Periode kleinere Patrouillen recht unternehmend und fügten dem Gegner mancherlei Schaden zu. Höhere Vorgesetzte äußerten mehrfach ihre Zufriedenheit darüber. So zeichnete unter Anderen Generallieutenant v. Barnecow, als er einst bei Haute Rive bei dem Regiment vorbeiritt, dasselbe mit folgender Ansprache aus: „Guten Morgen, Ulanen!" — „Guten Morgen, Euer Excellenz!" — „Recht so, brav so, das macht Ihr gut, und wenn der Franzose just den Teufel an die Wand malt, malt er immer einen Ulanen daneben. Guten Morgen, Ulanen!"

Der zur Division als Ordonnanzoffizier kommandirte Premier=

Lieutenant v. Voigt kam heute nach Pont-à-Mousson und lernte dort einen Geistlichen kennen, von welchem er im Laufe des Gesprächs die Worte hörte: „Ah, je voudrais que vous fussiez à Paris et que la guerre fût finie". Auf dem Rückweg erfuhr er zu seiner Freude, daß 4000 Saarbrücker Bergleute bei dem Bau der Verbindungsbahn Remilly—Pont-à-Mousson beschäftigt waren.

Mit dem 26. trat die Kavallerie-Division unter die Befehle des 1. Armeekorps. Die 6. Brigade hatte im Verein mit der 7. die Vorposten zu stellen, und die Schwadronen löften sich in zweitägigem Wechsel ab. Seit dem 24. regnete es unaufhörlich. Am 28. August wurde der Sicherungsabschnitt des Regiments auf die Linie Marly—Orly beschränkt, da am Abend zuvor die 28. Infanterie-Brigade zwischen Pouilly und Marly eingerückt war und ihrerseits die Vorposten auch in vorderster Linie selbst übernahm.

Hafer war inzwischen von den Proviant-Kolonnen herangeschafft worden und konnte daher bei der Division empfangen werden. Im Uebrigen blieb man jedoch hinsichtlich der Verpflegung lediglich auf Beitreibungen angewiesen, und es bedarf kaum der Erwähnung, daß diese im Laufe der Zeit immer schwieriger wurden. Am 29. übernahm das Kürassier-Regiment Nr. 8 die Vorposten, und die Ulanen bezogen dessen Biwak bei Coin-les-Cuvry, während der Divisionsstab nach wie vor in Pouton verblieb.

Die Ruhe am 30. wurde zu eingehenden Pferderevisionen benutzt, und die Mannschaften bemühten sich, die durch den Regen sehr mitgenommenen Sachen wieder einigermaßen in Stand zu setzen. Schon glaubte man, es sollte auch der 31. August ohne Dienst verlaufen, als das Regiment plötzlich gegen 11 Uhr Morgens Befehl erhielt, schleunigst zur Unterstützung der I. Armee nach Courcelles abzurücken. Es sollte heute und morgen der letzte Durchbruchsversuch der eingeschlossenen Armee erfolgen, und schon seit langer Zeit hatte Bazaine hierzu seine Anordnungen erwogen. Am 26. brauchte nur noch das entscheidende Wort gesprochen zu werden, doch schienen im letzten Augenblick die Vorbereitungen noch nicht ausreichend. Die Schlacht wurde also hinausgeschoben, und am 28. versah man die Truppen mit einer dreitägigen Mundportion. Der Kommandant erhielt den Auftrag, die beiden Schiffsbrücken über die Mosel in festen Zustand zu bringen und noch eine dritte schlagen zu lassen. Am 29. August bekam der Marschall durch eine am 27. ausgefertigte Depesche des Kommandanten von Diedenhofen die Mittheilung, daß die

Armee von Chalons am letztgenannten Tage bei Stenay und weiter südlich die Maas erreicht haben müsse. Der Marschall befahl infolgedessen am 30. Morgens, daß die Mannschaften sogleich den eisernen Mundvorrath empfangen und sich zum Aufbruch bereit halten sollten. Noch im Laufe des Tages ging eine ältere Depesche des Marschalls Mac Mahon ein, in welcher dieser seinen unmittelbar bevorstehenden Abmarsch von Reims auf Montmédy ankündigte. Die zuerst erhaltene Nachricht schien somit bestätigt, und Bazaine glaubte in nicht allzu großer Entfernung von Metz mit der Rhein-Armee zusammentreffen zu können, weshalb er beschloß, zunächst auf dem rechten Mosel-Ufer zwischen dem Fluß und der Straße nach Saarlouis vorzugehen. Kurz vor 8 Uhr wurden bei den preußischen Vorposten die ersten feindlichen Bewegungen bemerkt. Schon in demselben Augenblick bedeckten starke französische Kolonnen die Straße von Metz nach Bellecroix. 18 Geschütze wurden hinter letzterem Ort sichtbar; zehn Schwadronen marschirten zwischen Vantoux und der Straße Metz—Poix gegen St. Barbe.

General v. Steinmetz ordnete infolgedessen kurz nach 9 Uhr an, daß sich die 3. Kavallerie-Division unter Zurücklassung ihrer Vorposten zur Unterstützung des 1. Armeekorps in Marsch setzen sollte. Um 10³/₄ Uhr trat die Division den Vormarsch auf Puche an. Graf Groeben begab sich sofort auf die Höhe von St. Barbe. Man sah von dort das französische Lager, und es schien tiefer Friede. Plötzlich kam die erste Granate geflogen, sie ging über den Kopf des Generals weg, um 30 Schritt hinter ihm seitwärts von einer Batterie einzuschlagen. Etwa 30 Geschosse sah Graf Groeben mit Ruhe ankommen, dann ritt er zur Division zurück. Diese hatte bei Puche eine Bereitschaftsstellung eingenommen und zur Sicherung ihrer linken Flanke den Premierlieutenant v. Müller I. mit einem Zuge entsandt. Gegen 5¹/₂ Uhr erhielt die Division den Befehl, das in heißem Kampfe befindliche 1. Armeekorps auf dem linken Flügel zu unterstützen. Das Regiment rückte daher in zusammengezogener Eskadrons-Zugkolonne mit dem Kürassier-Regiment und der reitenden Batterie auf die Höhe von Flanville, woselbst die Batterie Aufstellung nahm. Das Regiment blieb ebendaselbst zu ihrer Bedeckung; zwischen beiden schlugen mehrfach die feindlichen Granaten ein.

Auf eine Meldung, nach welcher Flanville an seinem jenseitigen Rande besetzt wurde, erhielt Lieutenant v. Pfannenberg den Auftrag, die Stärke des Feindes zu erkunden. Die Patrouille umritt den Ort und stellte fest, daß etwa zwei Bataillone von Montoy her gegen das Dorf anrückten. Trotzdem der Ort diesseits nur mit drei Kompagnien besetzt war, wurde er in hartnäckigster Vertheidigung bis 8½ Uhr gehalten; dann mußte der jenseitige Rand dem Feinde überlassen werden. Das Regiment hatte zwei Mal des feindlichen Feuers wegen die Stellung gewechselt, während die Batterie später bei Retonfay auffuhr. Gegen 8½ Uhr wurde das Regiment zurückgezogen und biwakirte im Divisionsverbande bei Petit Marais, nur die 1. Schwadron wurde als Vorposten=Eskadron bei der Brigade Memerty in Retonfay zurückgelassen. Für heute hatte die Dunkelheit dem Gefecht ein Ende gemacht.

Noch beim Zurückgehen erhielt das Regiment einige Gewehrkugeln, doch war das Feuer auf so große Entfernung abgegeben, daß selbst die Geschosse, welche einschlugen, keinen Schaden anrichteten. In der Nacht durfte man weder die Bagage heranziehen, noch die Pferde absandeln. Um 3 Uhr Morgens ging die Division auf der Straße Metz—St. Avold bis hinter Glattigny zurück. Zwei Stunden später traf der Befehl ein, die alten Vorpostenstellungen wieder einzunehmen, worauf die Division in großem Bogen über Maison Isolée, Pange, Courcelles nach Coin=les=Cuvry zurückkehrte. Während der Nacht hatte die 1. Schwadron bei Retonfay die Vorposten gehabt und erhielt, als sie sich wieder an die Division heranzog, heftiges Artilleriefeuer; die Granaten gingen indeß sämmtlich zu hoch, um erst weit hinter der Eskadron einzuschlagen.

Nach vierundzwanzigstündigem Ritt, ohne zu futtern, ohne zu tränken, traf um 11¼ Uhr das Regiment wieder bei Coin=les=Cuvry ein. An ein Abkochen war nicht zu denken gewesen.

Am späten Abend, als die Truppen sich einigermaßen von den erlittenen Strapazen erholt hatten, trafen zwei Generalstabsoffiziere, Oberst v. Unger und Hauptmann v. Westernhagen, im Divisionsquartier ein, um die erste Kunde von der Schlacht bei Sedan zu überbringen. Noch hatte man allerdings keine Ahnung, welch glänzender Sieg in Wirklichkeit jetzt schon erfochten war, und dennoch schien auch das, was man vernahm, schon bedeutend. 3000 Gefangene, so hörte man, wären eingebracht und 14 Kanonen erbeutet; der Feind sollte mit seiner Hauptmasse auf belgisches Gebiet gedrängt sein. Am nächsten Morgen traf auch die 13. Division bei Coin=les=Cuvry ein, und nun wurde gemeinsam der Sieg über Mac

Mahon gefeiert, der eine günstige Vorbedeutung für die Ereignisse vor Metz zu sein schien. Fingen auch die Nächte an kalt zu werden, so war doch das Wetter am Tage schön, und seit einiger Zeit konnten Hafer und Mundverpflegung im Magazin zu Pontoy empfangen werden. In seinem alten Biwak, wo man bereits angefangen hatte, die Baracken zu bauen, blieb das Regiment bis zum 4., um alsdann nach Cuvry überzusiedeln. Hier wurde die Division für den Fall eines feindlichen Angriffs dem General v. Hartmann unterstellt, der mit seiner Division in Fey lag.

Am 6. September wurde dem Regiment die erste Auszeichnung verliehen, indem Oberstlieutenant v. Pestel das Eiserne Kreuz 2. Klasse erhielt.

Tags darauf löste das Regiment die 5. Ulanen von Vorposten ab, doch hatten auch schon im Biwak des Gros die Pferde bei der Möglichkeit eines plötzlichen Angriffs gesattelt stehen müssen. Die 2. Schwadron übernahm die Sicherung in vorderster Linie bei Augny, während die 1. als Soutien in Haute Rive Aufstellung nahm. Der Rest des Regiments verblieb bei Ferme Prayette.

Noch am nämlichen Tage trat die Division auf Befehl Seiner Königlichen Hoheit des Prinzen Friedrich Karl zum 7. Armee=korps über, ohne daß dadurch in der Unterbringung eine Verän=derung eingetreten wäre. Der Feind verhielt sich seit der Schlacht von Noisseville im Allgemeinen ruhig, ein Ausfall schien nicht mehr erfolgen zu sollen; nur bei Tagesanbruch waren in der Regel einige vereinzelte Schüsse zu vernehmen. Trotzdem durften die diesseitigen Patrouillen nicht zu weit vorreiten, denn frei war das Vorgelände noch immer nicht. In zahllosen Verstecken lagen Tag und Nacht kleinere Abtheilungen und einzelne Schützen, die den großen Fehler der Franzosen im Anfang des Feldzuges, ihr Feuer schon auf zu weite Entfernung zu geben, leider vollständig abgelegt hatten. So ritt am 8. Lieutenant v. Pfannenberg mit einer Patrouille gegen die Mühle La Papeterie vor. Dieselbe mußte wohl unbesetzt sein, denn schon hatte man sich auf 10 Schritt dem Gebäude genähert, ohne daß irgend ein Anzeichen auf den Feind hätte schließen lassen. Da plötzlich fielen wie auf ein gegebenes Zeichen mehrere Schüsse. Eine Kugel verwundete Lieutenant v. Pfannenberg so unglücklich am linken Fußgelenk, daß derselbe schwer verwundet nach Courcelles und von da nach Berlin befördert werden mußte. In elterlicher Pflege fand er hier bald die erhoffte Genesung, und schon Anfang

Dezember konnte er zum Regiment auf den Kriegsschauplatz zurück=
kehren.

Die nächsten Tage brachten als wesentlichste Veränderung einen
Umschlag des Wetters. Von allen Schwierigkeiten, die dem An=
greifer im Festungskriege entgegentreten können, ist wohl der Regen
am unangenehmsten, da eine Veränderung der Quartiere ausgeschlossen
ist. So traten denn auch bald zahlreiche Ruhrerkrankungen der
Mannschaften und entsprechende Erscheinungen bei den Pferden auf.
Das Feldlazareth in Mécleuves war bald überfüllt, und unter diesen
Verhältnissen mußte die Lage von Tag zu Tag unangenehmer werden.
Während des allgemeinen Bombardements von Metz am Abend des
9. blieb das Regiment in strömendem Regen dreiviertel Stunden
aufgesessen halten, um sich dann mit der 1. und 2. Eskadron in
Marly in Alarmhäusern unterzubringen, während die 3. Schwadron
an Stelle der 4. die Vorposten bei Augny bezog. Auch diese
konnten indeß am nächsten Tage nicht mehr im Freien stehen, sondern
bis auf die nothwendigsten Posten mußte Alles unter Dach gebracht
werden, wenn das Material nicht von Grund aus zerstört werden
sollte. Endlich wurde die Kavallerie=Division von ihrem ebenso
schwierigen, wie undankbaren Dienst erlöst, da mit diesem Augenblick
Infanterie des 7. und 8. Armeekorps die Sicherung bei Marly bezw.
Augny übernahm. Die Freude sollte indeß nicht lange währen. Am
11. verblieb das Regiment zwar in seinen alten Stellungen, wurde
jedoch im Divisionsverbande zum 8. Armeekorps kommandirt und
von diesem sofort für den nächsten Tag zum Vorpostendienst heran=
gezogen. Das Korps hatte den Abschnitt bis zur Seille besetzt, und
das Regiment rückte am 12. auf Befehl der 16. Division, welcher es
vorläufig unterstellt war, nach Cuvry, indem es seine Vorposten=
Schwadron, die 3., nach Haute Rive vorschob. Letztere versah dort
den Sicherungsdienst im Verein mit einer Eskadron 9. Husaren=
Regiments; dies Verhältniß blieb auch für die beiden folgenden
Tage bestehen. Alsdann wurde das Regiment durch die 14. Ulanen
abgelöst und bezog seinerseits enge Quartiere in dem eine Meile
rückwärts gelegenen Pournoy=la=Chétive. Es gelang, fast sämmtliche
Pferde in Ställen, Scheunen oder Schuppen unterzubringen.

Das Regiment erhielt hier die Allerhöchste Kabinets=Ordre,
nach welcher dem Premierlieutenant Kühls ein Patent seiner Charge
verliehen, der aggregirte Lieutenant Bauer in das Regiment ein=
rangirt und der Unteroffizier v. Schierstädt zum Portepeefähnrich

befördert wurde. Außerdem wurde an demselben Tage General
v. Steinmetz, unter Ernennung zum Generalgouverneur von Posen,
seines Kommandos als Befehlshaber der I. Armee enthoben. Zu=
gleich erfuhr das Regiment zu seiner Freude, daß sein Divisions=
kommandeur Generallieutenant Graf von der Groeben das Eiserne
Kreuz erhalten hatte.

Inzwischen war der innere Dienst der Division so geregelt, daß
die einzelnen Regimenter mit Ausschluß der Kürassiere sich alle
4 Tage im Vorpostendienst ablösten. Die Schwadronen hatten also
eine Zeit der Ruhe vom 15. bis zum 23. September vor sich, und
diese konnte nun besser ausgenutzt werden, als das Regiment am 17.
mit der 3. und 4. Schwadron nach Mardigny gelegt wurde, während
die 1. nach Loiville, die 2. ins Divisionsstabsquartier nach Marieulles
kam, Ortschaften, die noch nicht viel gelitten hatten und die den
Truppen bis zum 24. zur Unterkunft belassen wurden. Die Bei=
treibungen hatten daher seit langer Zeit wieder zum ersten Mal ein
günstiges Ergebniß, wenn man auch, um Fleisch zu erhalten, immer
auf die Gegend von Pont=à=Mousson zurückgreifen mußte. Dienstlich
in Anspruch genommen wurde das Regiment während dieser 8 Tage
nur durch Gestellung eines Beobachtungspostens bei St. Blaise unter
Premierlieutenant Kühls, sowie eines Relais und zweier Telegraphen=
Schutzkommandos unter den Lieutenants v. Haeseler und Thies.
Auch trafen während dieser Zeit der Ruhe noch zahlreiche Aus=
zeichnungen ein. Am 20. erhielten Premierlieutenant v. Müller II.,
Stabsarzt Dr. Köhnhorn und Unteroffizier Bankrath, am 22.
der Gefreite Pieroth das Eiserne Kreuz. Am selben Abend über=
reichte Graf Groeben es persönlich seinem Ordonnanzoffizier Pre=
mierlieutenant v. Voigt sowie dem Rittmeister v. Luck. Tags darauf
erschien Rittmeister v. le Fort, um sein Kreuz zu holen, während
Oberstlieutenant v. Pestel das für Premierlieutenant v. Müller I.
bestimmte in Empfang nahm.

Dr. Köhnhorn wurde in seinem Kommando beim Regiment
durch Dr. Püllen abgelöst, und von der Ersatz=Eskadron trafen beim
Regiment Portepeefähnrich de la Chevallerie sowie die Avan=
tageure Freiherr v. Fürth, Graf v. Salm=Hoogstraaten und
Weckbecker ein.

Mit dem 24. war die Reihe des Vorpostendienstes wieder an
das Regiment gekommen. Die 5. Ulanen zogen daher heute zum
Gros zurück, und an ihrer Stelle ritten die 3. und 4. Schwadron

unter Major Heinichen zur Unterstützung der 15. Division nach Tuilerie und Sombry, während der Stab mit der 1. und 2. Eskadron zur 16. Division nach Cuvry und Haute Rive kommandirt wurde. Von letzterem Orte wurde noch Abends um 11 Uhr eine Patrouille abgeschickt, bestehend aus dem Portepeefähnrich v. Schierstädt, 6 Ulanen und dem Wachtmeister Vossen, welcher Letztere sich freiwillig angeschlossen hatte, mit dem Auftrage, einen am Waldrande bei St. Privat stehenden feindlichen Kavallerieposten aufzuheben. Als die Patrouille bis zur Schanze vorgedrungen, wurde sie mit: „qui vive!" angerufen, worauf Fähnrich v. Schierstädt und Wachtmeister Vossen in der Richtung auf die Stimme lossprengten. Heftiges Feuer belehrte sie alsbald, daß der gesuchte Kavallerieposten am Abend durch eine vielleicht 30 Mann starke Infanterie=Feldwache ersetzt worden war. Kaum war man einige Hundert Schritt zurückgeritten, als Wachtmeister Vossen vermißt wurde. Fähnrich v. Schierstädt machte darauf für seine Person wieder Kehrt und gab dem Wachtmeister, den er mit verstauchtem Fuß unter seinem erschossenen Pferde fand, sein eigenes, während er selbst zu Fuß zurückkehrte.

Sonst ereignete sich in diesen Tagen bei den Vorposten nicht viel, das der Erwähnung werth wäre. Die Franzosen beschränkten sich, hinter guten Verstecken, völlig auf die Defensive, und da der Gegner infolge eines Armeebefehls vom 21. möglichst viel durch kleinere Patrouillen beunruhigt werden sollte, so mußten diese Nachts in tiefster Stille reiten, denn am Tage war es in dem schwierigen Gelände unmöglich, vorzudringen.

Inzwischen konnte man sich in Metz allmählich der Ueberzeugung kaum mehr verschließen, daß die Belagerung über kurz oder lang mit der verhaßten deutschen Gefangenschaft abschließen müsse, zumal nachdem Kapitulationsvorschläge unter der Bedingung des freien Abzuges nach Algier deutscherseits mit Entschiedenheit zurückgewiesen worden waren. Dennoch glaubte Bazaine sich seinem Vaterlande gegenüber verpflichtet, die Armee des Prinzen Friedrich Karl möglichst lange vor Metz festzuhalten, um dadurch die Rüstungen an der Loire, im Norden und Nordwesten, von welchen er durch den Telegraph Kenntniß hatte, vor feindlicher Störung nach Kräften zu schützen. Unter dem Einfluß solcher Erwägungen mußte wohl auch der französische Ausfall bei Peltre am 27. ins Werk gesetzt sein, denn nachdem Bazaine denselben anfangs mit einer gewissen Energie unternommen hatte, gab er ihn wieder auf, eigentlich noch ehe irgend welche Entscheidung auf einer Seite gefallen war. In aller Frühe waren französische Truppen mit einem Eisenbahnzuge vorgekommen, hatten eine Feldwache bei Mercy=le=Haut angegriffen und den Ort selbst in Brand geschossen. Doch schon um Mittag wurde das Feuer immer schwächer, so daß die Division, die erst um 10½ Uhr alarmirt war, kurz nach 12 Uhr in ihre alten Stellungen wieder zurückgehen konnte.

Da mittlerweile für das Regiment auch wieder der Tag der Ablösung herangekommen war, so bezogen die Schwadronen am 28. die Quartiere der 14. Ulanen bei Sillegny, 1½ Meilen hinter der Vorpostenlinie, woselbst das Regiment bis zum 1. Oktober verblieb. Noch vor Ablauf des alten Monats trat auch hier zum ersten Male das Franctireur=Unwesen auf, welches in der ganzen letzten Feldzugsperiode den deutschen Heeren viel zu schaffen machen sollte. Es wurde im Walde von Lorry am 30. September von Franctireurs auf Oberstlieutenant v. Pestel und seinen Adjutanten Lieutenant v. Engelbrecht geschossen. Wie später in der Regel, so blieben auch jetzt alle Nachforschungen erfolglos, und man mußte sich damit begnügen, unter Genehmigung des Divisionskommandeurs den umliegenden Ortschaften eine Geldstrafe aufzuerlegen.

Mit dem 1. Oktober begann für das Regiment die letzte Periode seiner Thätigkeit vor Metz. Hatte anfangs die Kavallerie=Division vom 14. bis zum 26. August den Abschnitt von der Mosel bis über Peltre und Mercy=le=Haut hinaus allein zu sichern gehabt und auf diese Weise die Verbindung zwischen dem 7. und 1. Armeekorps hergestellt, so wurde am 27. August zum ersten Male diese Thätigkeit durch die Linksschiebung der Division und das Einrücken der 28. Infanterie=Brigade in die Vorpostenlinie eingeschränkt, worauf dann für die Kavallerie nur noch der Abschnitt von der oberen Mosel bis zur Seille übrig blieb. Nachdem sie auch diesen seit dem 12. September im Verein mit der Infanterie des 8. Korps gedeckt, wurde sie am 1. Oktober zur Pflege ihrer stark mitgenommenen Pferde ganz zurückgezogen und in weitläufigen Kantonnements untergebracht. Nach verschiedenen Veränderungen gelangte am 7. endlich der Stab mit der 1. und 2. Eskadron nach Flocourt, während die 3. nach Tragny, die 4. nach Haute Beux verlegt wurde. Glücklicherweise war in den letzten drei Wochen das Wetter schön gewesen, und so kam es denn, daß trotz des anstrengenden Dienstes und der kalten

Biwaknächte die Zahl der Ruhrerkrankungen bald nachgelassen hatte und schon gegen Ende September der Gesundheitszustand der Leute durchweg ein befriedigender geworden war. Jetzt war man in den Ortschaften, die noch wenig vom Kriege gelitten hatten, gut verpflegt, und da alle Mannschaften und Pferde einquartiert waren, so konnte auch das am 8. Oktober eintretende Regenwetter keinen nachtheiligen Einfluß mehr ausüben. Der Belästigung durch Franctireurs sollte man durch Haussuchungen in den Unterkunftsorten und Abpatrouilliren der Wälder entgegengetreten, doch konnte dem Uebel ebenso wenig hierdurch, wie durch Geldstrafen völlig gesteuert werden.

Am 10. Oktober erhielt Wachtmeister Bossem, am 14. Lieutenant v. Pfannenberg und Gefreiter Seibel das Eiserne Kreuz. Die Vizewachtmeister Boecking, Clemens und Karcher wurden zu Reserveoffizieren des Regiments befördert.

Da der Feind sich kaum mehr rührte, so machte der ganze Dienstbetrieb im Oktober dem Regiment fast den Eindruck, wie der in Friedenszeiten, in welchem nach dem Manöver das Beseitigen der Druckstellen und die Beinpflege der Pferde die Hauptrolle spielt. Zwar hatte bei Beginn der Regenzeit der Feind noch immer aus einzelnen Forts Granaten in das vorliegende Gelände geschleudert, aber auch diese Thätigkeit seiner Artillerie nahm während der nächstfolgenden Tage ab. Der wachsende Mangel an Lebensmitteln machte sich auf Seiten der Franzosen immer mehr fühlbar; schon am 8. Oktober hatte der Festungskommandant gemeldet, daß seine Vorräthe höchstens noch bis zum 20. ausreichen würden.

Die Sehnsucht nach dem Ende der Belagerung war schon so groß geworden, daß am 17., als die Nachricht von einer bevorstehenden Uebergabe sich verbreitete, diese allgemeinen Glauben fand und große Freude hervorrief. Doch vergebens spähte man nach der weißen Flagge, die in Metz gehißt werden sollte. Noch am 26., nach den ersten Verhandlungen zwischen Oberst v. Stiehle und General Jarras vernahm man, es sei kein Ergebniß erzielt, und wenn auch am folgenden Tage in Frescaty noch ein Versuch gemacht werden sollte, so wollten jetzt mißtrauische Gemüther schon um einer voreiligen Freude willen keine Enttäuschung mehr erleben. Nachdem am 27. selbst die weiteren Bestimmungen, welche über die Einschließungstruppen getroffen wurden, noch keine Gewißheit gebracht hatten, wurde endlich am Morgen des 28. durch Armeebefehl des Prinzen Friedrich Karl das Ergebniß fast dreimonatlicher Entbehrungen,

Kämpfe und Siege verkündet: Die ganze Armee Bazaines — 3 Marschälle, 6000 Offiziere, 173 000 Mann — war kriegsgefangen, noch an demselben Tage sollte die Uebergabe der Festung mit ihren 1500 Geschützen und allem übrigen dort befindlichen Staatseigenthum beginnen. Am gleichen Tage hatten Seine Majestät der König den Kronprinzen und den Prinzen Friedrich Karl zu Feld=marschällen ernannt und den General v. Moltke in den Grafenstand erhoben.

Die Kavallerie=Division war in dieser Periode am 27. zum ersten Male wieder in Bewegung gesetzt worden. Man hatte nach dem Scheitern der letzten Verhandlungen einen Ausfall in der Richtung auf Gravelotte erwartet, weshalb dieselbe in fürchterlichem Regen zunächst auf Novéant marschirte, um von dort aus für die Nacht nach Bayonville dirigirt zu werden. Hier und in den umliegenden Ortschaften verblieb das Regiment bis zum 27., an welchem Tage, von Versailles her die weiteren Bestimmungen für die Einschließungs=Armee im Hauptquartier eintrafen. Hiernach sollte die II. Armee nach Südwesten an die Loire abrücken, während die I. dem General v. Manteuffel unterstellt und nach Abgabe des 7. Armeekorps zur Besetzung von Metz unter seinem Kommando auf den nördlichen Kriegsschauplatz gesandt wurde.

Die Kavallerie=Division hatte den Auftrag erhalten, im Verein mit dem 33. Infanterie=Regiment und den beiden leichten Feld=Batterien der 15. Division die Argonnenlandschaft von angeblich dort umher=streifenden Freischaaren zu säubern. Bis zum 3. November blieb sie indessen in ihren Unterkunftsorten liegen und benutzte diese Zeit, sich mit Fourage und Lebensmitteln für einen Vormarsch ohne Fuhr=park zu versehen. In Hennemont, wo der Regimentsstab mit der 1. und 4. Schwadron lag, wurde beim Pastor ein junger Mann vorgefunden, welcher angab, am 25. hier mit einem Luftballon von Paris angekommen zu sein. Da derselbe seiner eigenen Aussage nach Offizier der Nationalgarde war, so wurde er auf Befehl des Ge=nerals von der Groeben durch Lieutenant v. Sinner zu Seiner Königlichen Hoheit dem Prinzen Friedrich Karl geführt, dessen Hauptquartier sich zur Zeit noch in Corny befand. Der Ballon wurde vernichtet und drei in der Gondel gefundene Brieftauben in Freiheit gesetzt.

Der 29. verging in Erwartung des Befehls, welcher dem Divisionsstabe die Nachricht vom Einzuge der deutschen Truppen in

Metz bringen sollte. Noch konnte man sich kaum an den Gedanken gewöhnen, daß die erste Festung der Welt, von deutschen Truppen bezwungen, eine deutsche Besatzung erhalten hätte, um dieselbe nie wieder zu verlieren. Als dann aber endlich spät am Abend sich auch diese ersehnte Nachricht bestätigte, da erklangen die Gläser auf die siegreiche Beendigung des Krieges.

Siebenter Abschnitt.
Bis zum Frieden.

„Kann ich Armeen aus der Erde stampfen?" — Dieses Citat soll der Hochselige Kaiser Wilhelm I. einst dahin beantwortet haben: „Ich weiß einen, der das konnte: Gambetta." Damals freilich, als Metz gefallen und auch der letzte Mann der Rhein-Armee die ersehnte Reise nach Berlin angetreten hatte, ahnte Niemand, daß es einem Manne gelingen sollte, jetzt noch 600 000 Soldaten aufzustellen, daß noch drei Wintermonate vergehen mußten, bis der Friede erstritten war.

Um das Gelände, in welchem die Division zu wirken bestimmt war, aufzuklären, erhielt am 1. November Premierlieutenant v. Voigt den Auftrag, mit 2 Unteroffizieren und 10 Ulanen nach Clermont zu reiten, woselbst er um 1 Uhr ankam. Die Stadt machte, obgleich in reizender Natur am Ostabhange des Argonnerwaldes gelegen, einen traurigen Eindruck. Trotzdem dieselbe mit zwei Kompagnien besetzt war, trieben die Franctireurs in der allernächsten Nähe ihr Wesen in ganz unverschämter Weise. Nachdem sie einen deutschen Hauptmann erschossen und mehrere Leute verwundet hatten, wurden unmittelbar darauf 12 Landwehrhusaren überfallen und nicht nur ihrer Pferde, sondern auch ihrer Ausrüstung und aller Habseligkeiten beraubt. Um noch an demselben Tage dem Divisionskommandeur die Ergebnisse seiner Erkundung zu melden, ritt Lieutenant v. Voigt nach dreistündiger Rast, seine Leute zurücklassend und nur von einem Unteroffizier begleitet, den 50 km weiten Weg zurück und traf Abends 9 Uhr im Divisions-Stabsquartier zu Fresnes wieder ein.

Am Morgen des 3. November brach die Division mit dem Füsilier-Regiment Nr. 33 und den beiden Batterien in der Richtung gegen den Argonnerwald auf, wobei die 6. Kavallerie-Brigade mit zwei Geschützen unter General v. Mirus die Reserve bildete. Auf die Meldungen der Lieutenants Bauer und Karcher hin, welche mit stärkeren Patrouillen durch den Argonnerwald auf Foucaucourt und Vienne vorgesandt worden waren, theilte nunmehr Graf Groeben seine Division in drei Detachements, um die in dem Walde zwischen Clermont, Ste. Menehould und Varennes befindlichen Franctireurs aufzuheben. General v. Mirus, welcher mit seiner Brigade, dem 1. Bataillon 33. Regiments und einer Batterie seinen Erkundungs= abschnitt innerhalb der Orte Ste. Menehould, Villers, Passavant und La Chalade angewiesen erhielt, gelangte am 6. ungehindert nach Ste. Menehould, von wo aus am nächsten Tage seitens des Re= giments drei Patrouillen ausgeschickt wurden. Dieselben bestanden sämmtlich aus einem Zuge Ulanen und einer halben Kompagnie, was die Beweglichkeit des Ganzen sehr beschränkte. Indeß hatte sich der Mangel einer brauchbaren Schußwaffe für die Kavallerie so fühlbar gemacht, daß, wie man der ganzen Division ein Infanterie=Regiment beigegeben hatte, so auch für die kleinsten Abtheilungen der entsprechende Ausweg gewählt wurde, der zwar schlecht, aber doch nicht zu um= gehen war. Die Patrouillen fanden nichts Verdächtiges, trotzdem wurden, da bei den angestellten Haussuchungen sehr viele Waffen zum Vorschein kamen, von den umliegenden Ortschaften Kautionen im Gesammtbetrage von 3300 Francs eingefordert. Als am 11. die Division wieder zusammentrat, ließ man das Infanterie=Regiment zurück, um an den nächsten Tagen nur mit der reitenden Batterie zusammen auf nahezu grundlosen Wegen den Marsch im Allgemeinen in westlicher Richtung fortzusetzen. Zwar färbte heute der erste Schnee die dunklen Bäume des Argonnerwaldes weiß, aber bald zertheilte die Sonne wieder die Wolken, und vom Wetter begünstigt, erreichte das Regiment nach vier Marschtagen über Termes, Bourcq, Vignicourt am 15. Tagnon, einen kleinen Ort an der Eisenbahn Reims—Rethel, wo zugleich Divisions= und Brigadestab einquartiert waren.

Bis dahin war das Regiment gekommen, ohne einer feindlichen Abtheilung zu begegnen, aber auch ohne von irgend Jemandem er= fahren zu können, welches das Endziel des Marsches sein sollte. Man ahnte wohl, daß man über kurz oder lang mit einer der neu= gebildeten feindlichen Armeen zusammentreffen würde, etwas Be= stimmtes erfuhr das Regiment aber erst, als am 17. die Division den Auftrag erhielt, die Bourbaki'sche Nord=Armee aufzusuchen. Tags zuvor hatte General v. Manteuffel die näheren Anordnungen für den Vormarsch seiner Armee nach der Oise erlassen, wobei der rechte Flügel sich bis Guiscard ausdehnen sollte. Da die Division diesen Flügel zu decken hatte, so wurde ihr das Jäger-Bataillon Nr. 8 und eine reitende Batterie des 8. Korps beigegeben und sie erhielt den Befehl, über Chauny vorgehend am 20. November Guiscard zu besetzen und Erkundungs-Abtheilungen gegen Amiens sowie in der Richtung auf St. Quentin zu entsenden.

Daraufhin wurde am 17. der Vormarsch gegen Amiens angetreten oder vielmehr fortgesetzt, und das Regiment gelangte am 19. nach Coucy-la-Ville, nachdem schon an demselben Morgen um 5 Uhr Premierlieutenant Rösingh und Lieutenant Thies zur Aufklärung des Geländes gegen Ham und Roye vorgeschickt worden waren. Auch am 20. gelangte das Regiment in seine neuen Quartiere Berlaucourt und Guiscard, ohne etwas vom Feinde gesehen zu haben, doch hatte Premierlieutenant Rösingh, welcher unterwegs in Chauny zum Regiment stieß, vor Ham und im Dorfe Cugny heftiges Gewehrfeuer erhalten; zwei seiner Leute, die Ulanen Barth und Becker I. der 1. Eskadron, die er als Meldeposten im Dorfe Flavy-le-Meldeux zurückgelassen hatte, waren hier von Franctireurs überrascht und mit ihren Pferden gefangen genommen worden. Lieutenant Thies traf mit seiner Patrouille gegen Abend in Guiscard ein.

Da nunmehr die erste Fühlung mit dem Feinde gewonnen war, so glaubte man für den folgenden Tag, für welchen durch Divisionsbefehl das Ulanen-Regiment und die reitende Batterie v. Fuchsius zur Verfügung des Kommandeurs der 7. Kavallerie-Brigade, Generalmajors Grafen zu Dohna, gestellt wurde, ein Gefecht erwarten zu müssen. Schon im ersten Dorfe, das am nächsten Morgen durchritten wurde, Golancourt, erfuhr man jedoch, daß der Feind, etwa 1300 Mann Mobilgarden und Franctireurs stark, in der Nacht mit der Bahn Ham verlassen hätte. Es fand dort ein feierlicher Einzug statt, und der Gemeinderath mußte den Divisionsstab, dem eine Kompagnie Jäger als Spitze voraufging, in die Burg, das langjährige Gefängniß Napoleons III., führen. Am Abend blieben die 2. und 4. Eskadron, eine Jäger-Kompagnie und 2 Geschütze, unter Major v. Bronikowski, als Besatzung von Ham zurück, während der Rest des Detachements die alten Quartiere wieder bezog. Obgleich hier noch am selben Abend Feuer ausbrach, woraus man auf einen Ueberfall für die Nacht schließen zu müssen glaubte, verlief doch diese sowohl wie auch der nächste Tag in ungestörter Ruhe. Am 23. fand sich die Brigade, ohne das in Ham verbliebene Detachement, wieder auf dem befohlenen Sammelplatze ein. Von hier aus wurde die 1. Eskadron zur selbstständigen Aufklärung, die 3. mit einer halben Jäger-Kompagnie als Avantgarde gegen Roye vorgeschickt, wo um 7 Uhr Abends das ganze Detachement Dohna Ortsunterkunft bezog.

Am nächsten Morgen lief eine Meldung ein, nach welcher die Vorposten der Division, früh um 7 Uhr von Mobilgarden aus Amiens mit Uebermacht angegriffen, sich nach tapferem Widerstande hatten zurückziehen müssen. Die 1. und 3. Eskadron rückten daher in scharfem Trabe auf der Straße nach Amiens vor, fanden jedoch keine Gelegenheit mehr zum Eingreifen in das Gefecht und verblieben die Nacht in und um Bouchoir.

Zum ersten Male seit dem 16. Juli war heute das Regiment ohne seinen Kommandeur zum Kampf ausgerückt. Oberstlieutenant v. Pestel war durch einen Schlag vom Pferde des Generals von der Groeben ziemlich schwer verletzt; doppelt schmerzlich war ihm dies, da soeben erst wieder das Regiment die Fühlung am Feinde gewonnen hatte, nachdem es in der letzten Periode vor Metz und dann während des Marsches nur die Anstrengungen des Sicherheitsdienstes ertragen hatte, ohne im Kampfe den Lohn für seine Mühen und Entbehrungen zu finden.

Am 25. ging die Division vor, um die feindlichen Truppen aufzusuchen, die einer Nachts eingelaufenen Meldung zufolge in der Richtung auf Amiens zurückgegangen waren. Nur die 1. Eskadron bezog mit dem Stabe Ortsunterkunft in Haugest, während die 3. zur Aufklärung des Geländes zwischen Somme und Luce vorgeschickt wurde. Als letztere jedoch ihre Richtung auf das Dorf Cachy nahm, woselbst sich eine Besatzung von mehreren feindlichen Bataillonen befinden sollte, erhielt sie durch eine verdeckt am Eisenbahndamm herangekommene Kompagnie Salvenfeuer, wodurch der Unteroffizier Dill getödtet, Gefreiter Herrmanns und Ulan Bubenheim sowie 3 Pferde schwer verwundet wurden. Bei einer unter dem Unteroffizier Müller gegen Hangard abgeschickten Patrouille wurde der Ulan Wasel schwer verwundet und hatte nur der Unerschrockenheit und Kaltblütigkeit des Unteroffiziers seine Rettung vor französischer Gefangenschaft zu verdanken.

Nachdem am 26. der Regimentsstab zusammen mit der 1. und

3. Schwadron nach Méharicourt gekommen war, standen die Schwadronen am Morgen der Schlacht von Amiens um 9 Uhr auf dem Sammelplatz der Division zwischen Harbonnières und Bayonvillers unter ihrem Regimentskommandeur; Oberstlieutenant v. Pestel hatte sich, von einer richtigen Ahnung getrieben, obwohl immer noch nicht ohne starke Schmerzen, gesund gemeldet. Indessen war der Antheil des Regiments an der Schlacht kein bedeutender. Nachdem schon die 2. und 4. Eskadron nach Ham entsandt worden waren, erhielt jetzt die 1. Befehl, die Somme-Uebergänge zu erkunden und womöglich jenseits des Flusses die Bahnlinie Amiens—Arras zu zerstören. Um das Maß vollzumachen, wurden auch noch zwei Züge der 3. Eskadron zur Bedeckung der Bagage nach Harbonnières kommandirt, und so kam es, daß in der Schlacht zum ersten und allerdings auch zum letzten Mal die Standarte einem anderen Truppentheil, dem Westfälischen Ulanen-Regiment Nr. 5, anvertraut werden mußte. Letzterem wurden die noch vorhandenen beiden Züge der 3. Eskadron, der Rest des Regiments, angeschlossen. Das genannte Regiment ging, mit den 8. Kürassieren zu einer Brigade unter Generalmajor v. Mirus vereinigt, nördlich um Bayonvillers herum gegen Villers-Bretonneux vor. Als noch etwa 2000 m von diesem Orte entfernt die reitende Batterie aufgefahren war, blieb die Brigade, um die Wirkung abzuwarten, anfangs hier halten; später bewegte sie sich, eine Gelegenheit zur Attacke erspähend, etwa 2 Stunden auf dem Gefechtsfelde umher, ohne daß die beiden Züge des Regiments von den in nächster Nähe, besonders beim 8. Kürassier-Regiment, einschlagenden Granaten oder einem später aus Villers-Bretonneux auf die Kavallerie gerichteten Gewehrfeuer Verluste erlitten hätten. Später mußte auf höheren Befehl die Brigade um das Dorf Marcelcave herumgehen, worauf dann ein Vorstoß gegen die Südostfront von Villers-Bretonneux erfolgen sollte; die Schlacht war indeß bereits beendet, noch ehe sich die Kavallerie dem Dorfrande hatte nähern können.

Das Gefechtsfeld war gewonnen, Amiens selbst aber noch in Feindeshand verblieben. Der Regimentsstab ging nach Bayonvillers zurück, um von da aus am nächsten Tage mit der 1. und 3. Eskadron in Marcelcave zusammenzutreffen und am 29. wieder den Vormarsch gegen die Stadt anzutreten. Die Division bestand nur noch aus den Ulanen-Regimentern Nr. 7 und 14 und der reitenden Batterie, nachdem die 8. Kürassiere und das Jäger-Bataillon zum 8., das 5. Ulanen-Regiment zum 1. Armeekorps übergetreten waren. Bis auf

Weiteres blieb jedoch die 3. Infanterie-Brigade, bestehend aus den Regimentern Nr. 4 und 44, dem Kommando der Division unterstellt.

Noch am selben Tage rückte Graf von der Groeben mit seinem Stabe über das mit Leichen bedeckte Schlachtfeld nach Amiens. Zwar waren die Eingänge noch gesperrt, und plötzlich wurde auch aus der Citadelle, in der sich noch etwa 400 Mobilgardisten befanden, ein lebhaftes Feuer auf die zunächst gelegenen Theile der Stadt eröffnet. Am 30. kapitulirte jedoch auch jene, nachdem ihr Kommandant gefallen und 66 Geschütze drohend ihr gegenüber aufgefahren waren.

Zwei Tage später folgte Oberstlieutenant v. Pestel mit der 1. Eskadron, und am 3. Dezember war, nachdem Rittmeister v. le Fort von einer größeren Erkundung gegen Péronne sowie die 2. und 4. Schwadron unter Major Heinichen von Ham zurückgekehrt waren, das ganze Regiment in Amiens vereinigt. Premierlieutenant v. Voigt mußte im Auftrage des Grafen Groeben mit der Präfektur wegen einer von der Stadt zu stellenden Kaution im Betrage von einer Million sich verständigen. Da letztere ein Gesuch des Bischofs vortrug, welcher 17 000 Francs in päpstlichem Silbergelde zu bezahlen wünschte, so erschien, nachdem dies genehmigt, dieser selbst, um sich zu bedanken. Später im Laufe der Unterhaltung äußerte er über den Eindruck, den Graf Groeben auf ihn gemacht hatte: „C'est un homme, comme malheureusement nous n'en trouvons pas chez nous parmi les généraux, mais je ne puis le dire, on dirait que je me suis vendu."

In Amiens selbst verlebte das Regiment, zumal im Anfang, schöne Tage. Die Quartiere der Offiziere sowohl wie der Mannschaften lagen sämmtlich in der Nähe des Bahnhofs, und es war dieser Stadttheil mit seinen breiten, schattigen Boulevards, dem schönen „Platz des heiligen Peter von Amiens" der bevorzugteste von allen. Die Offiziere waren ohne Verpflegung einquartiert, doch hatte die Stadt den einzelnen Offizierkorps Gasthöfe, dem Regiment in Gemeinschaft mit den 14. Ulanen das Hotel du Rhin angewiesen, wo Speisen und Getränke nach Belieben gegen Bons verabfolgt wurden. Um 12 Uhr fand gemeinsames Frühstück, um 6 Uhr Mittagstisch statt, und es flossen wohl auch dann und wann beide Mahlzeiten in einander. Es war wundervoll behaglich in dem großen Saal des Hotels; auf einer Seite eine lange Reihe Fenster nach dem Garten, dunkle Ledertapeten an den Wänden, große Kamine mit mächtig loderndem Koalsfeuer an den schmalen Seiten. Alles lud zu fröhlichem Genießen ein, und es kostete ja nichts! Die Stadt zahlte Alles! „Armes Amiens", sagte einer der Kameraden, „was wird das für eine Rechnung geben. Aber warum läßt man uns nicht ruhig zu Hause an der Saar und zwingt uns, an die Somme den weiten Weg zu machen? Nach den Fährlichkeiten des weiten Ritts nach alter Art ein Siegestrunk, das ist halt deutsche Sitte!"

Auch für Leute und Pferde war gut gesorgt. Merkwürdig waren indeß die Ansichten der Bevölkerung, selbst der gebildeten Stände, über die Ulanen. Preußen sollten sie nicht sein, sondern die Steppen Asiens ihre Heimath, wo die Ulanen, ein barbarisches Volk, von Raub und Plünderung lebten. Mit der Erlaubniß von Rußland habe Preußen die Ulanen zum Kriege angeworben, und Rußland sei froh, auf diese Art sich der Räuber entledigt zu haben. In Glisy hatte ein Bauer gefragt: „Christen sind die Ulanen doch nicht?" —

Am 4. Dezember kam die 1. Schwadron, welche Tags zuvor zur Erkundung gegen Péronne und St. Quentin vorgeschickt worden war, vor ersterer Festung an. Rittmeister Jouanne begab sich, nur von dem Lieutenant der Reserve Ligniez und Trompeter Zimmermann begleitet, mit der Parlamentärflagge zum Kommandanten und forderte diesen mit dem Bemerken, er gehöre mit seiner Eskadron zur Avantgarde der Division, zur Uebergabe des Platzes auf. Der Kommandant war nicht abgeneigt, und schon schien es, als sollte der verwegene Plan gelingen. Da, im letzten Augenblick, rieth der Generalstabsoffizier, welcher doch wohl der Sache nicht recht trauen mochte, nichts zu übereilen und die Ankunft der Division abzuwarten. Damit war das entscheidende Wort gesprochen, Rittmeister Jouanne wurde mit seinen Begleitern als Gefangene zurückbehalten, die Schwadron setzte unter Premierlieutenant Rösingh die befohlene Erkundung fort.

Am folgenden Tage wurde zur weiteren Aufklärung und Sicherung die 2. Eskadron nach Querrieux, die 3. nach Villers-Bocage vorgeschoben; von dort aus sollten dieselben Patrouillen nach Albert und Doullens aussenden. Der Stab verblieb mit der 4. Schwadron in Amiens, wo letztere zahlreiche Briefrelais, Post-Begleitkommandos und außerdem noch eine Feldwache gegen Péronne zu stellen hatte. Am 7. wurde jetzt auch Rittmeister von der Osten und zwar nach Marcelcave detachirt, während zwei Tage später die 1. Schwadron ohne ihren Rittmeister wieder in Amiens eintraf.

Sämmtliche in diesen Tagen, besonders die in der Richtung auf Péronne und gegen die Somme vorgeschickten Patrouillen waren aus den Dörfern Foucaucourt, Estrées und Villers-Carbonel von Franctireurs beschossen worden. Endlich wurde sogar am 11. Dezember Lieutenant Loeper, welcher sich mit der Parlamentärflagge in der Angelegenheit des Rittmeisters Jouanne nach Péronne begab, in Foucaucourt von einer starken Bande umzingelt. Er selbst vermochte zwar sich durchzuschlagen, einer seiner Leute hingegen, der Ulan Frohnhofen, fiel, während die übrigen drei in Gefangenschaft geriethen. Major Heinichen erhielt den Auftrag, das Dorf durch Eintreiben einer hohen Geldstrafe oder, falls diese nicht zu erlangen sein sollte, durch Einäscherung zu züchtigen. Das ihm zur Verfügung gestellte Detachement bestand aus zwei Kompagnien 4. Regiments, zwei Zügen der 1. Eskadron und zwei Geschützen. Lieutenant Loeper hatte sich angeschlossen, um die Hauptschuldigen zu bezeichnen. Die Kälte war groß, die Wege voll Glatteis. Am Abend des 12. Dezember erreichte man La Motte und blieb dort die Nacht. Am andern Morgen wurde zeitig aufgebrochen, bei großer Kälte und tiefem, dichtem Nebel, so daß man kaum 10 Schritt weit sehen konnte. Lieutenant v. Sinner, welcher mit den beiden Zügen die Avantgarde führte, kam nach Foucaucourt und begann den Ort abzusuchen. Das Dorf war wie ausgestorben, alle Häuser, alle Thore geschlossen, kein Mensch zu sehen; es herrschte eine unheimliche Stille. Er erhielt darauf Befehl, mit den beiden Zügen durch den Ort durchzureiten und demnächst am jenseitigen Ausgange als Feldwache stehen zu bleiben. Im Trabe war man eine gute Strecke ins Dorf gelangt, da fiel plötzlich ein Schuß, und gleich darauf wurde von vorn, von hinten, von allen Seiten, aus jedem Hause auf die Ulanen gefeuert. Nun hieß es Kehrt und trotz Glatteis in schnellster Gangart hinaus aufs freie Feld. Auf dem Wege aber erhielt die Abtheilung noch fortgesetzt aus jedem einzelnen Hause an der Straße Feuer; es war ein Spießruthenlaufen in des Wortes schlimmster Bedeutung. Vor dem Dorfe war die Infanterie in Schützenlinien ausgeschwärmt, bei den beiden Geschützen sammelte Lieutenant v. Sinner seine Getreuen. Er wollte kaum seinen Augen trauen, als er die ganze Schaar unverletzt wieder beisammen sah; alle die feindlichen Kugeln hatten nur zwei Pferde verwundet.

Noch ehe die Infanterie das Dorf erreicht hatte, waren von den Geschützen einige Granaten hineingeworfen worden. Diese hatten zwar keinen Schaden gethan, aber doch die Wirkung gehabt, daß sich die feindliche Besatzung schleunigst aus Foucaucourt entfernte. Nur einzelne bewaffnete Bauern leisteten der Infanterie Widerstand, und diese wurden mit dem Bajonett über den Haufen gestochen. Der größte Theil der beiden Züge war bei den Geschützen verblieben und hatte nach den Flanken Vedetten vorgeschoben. Das Dorf wurde nun vollständig ausfouragirt und demnächst angezündet. Nachdem es niedergebrannt, sah Major Heinichen seine Aufgabe als erfüllt an; das Detachement kehrte nach La Motte und am nächsten Morgen nach Amiens zurück.

Inzwischen hatte am 13. Premierlieutenant v. Müller I. die Führung der 1. Eskadron erhalten, während der aus Berlin zurück= gekehrte Lieutenant v. Pfannenberg die Adjutantengeschäfte über= nahm.

Im Laufe dieser ganzen Periode waren in Amiens die wider= sprechendsten Nachrichten über die Ereignisse vor Paris und an der Loire verbreitet worden. Während die deutschen Nachrichten von glücklichen Erfolgen sprachen, lief plötzlich am Abend des 5. Dezember ein von Gambetta ausgehendes Telegramm ein, wonach es der Pariser Besatzung gelungen war, die Einschließungslinie an zwei Stellen zu durchbrechen und sich mit der Loire=Armee zu vereinigen. Lille und Boulogne illuminirten sofort, in Amiens wurden durch den General v. Mirus als Kommandanten alle Kundgebungen unter= drückt. Auch als die Nachricht von einer neuen Versammlung der Nord=Armee bekannt wurde, verhielt sich die Stadt durchweg ruhig, obgleich sie von der ununterbrochenen Einquartierung viel zu leiden hatte. Unter den Einwohnern verbreiteten sich die wunderbarsten Siegesnachrichten, und hätte man ihnen glauben wollen, so mußte es um die deutsche Sache sehr schlecht bestellt sein. Leider schien sich jedoch von diesen Gerüchten immerhin mehr zu bestätigen, als man geglaubt hatte befürchten zu müssen. Premierlieutenant v. Voigt hatte neben seinem Einquartierungsbureau ein weiteres für das Nach= richtenwesen begründet. Hier traf am 13. die Meldung von einem beabsichtigten Stoß der Nord=Armee auf Paris ein, eine Nachricht, die bald darauf durch eine noch bedenklichere ergänzt wurde: der Feind sollte mit bedeutenden Streitkräften von Lille kommend über Péronne und Ham vorgedrungen sein und zur Zeit bereits Roye erreicht haben. Da auch die Patrouillen des Regiments in der Richtung auf Arras in immer kürzerer Entfernung auf den Feind stießen, so kam General Graf von der Groeben am Abend des 15. zu der bestimmten Ueberzeugung, die ganze französische Nord-Armee unter General Faidherbe, welcher inzwischen an Stelle Bourbakis den Oberbefehl erhalten hatte, sich gegenüber zu haben. Er marschirte daher am folgenden Tage, indem er nur in der Citadelle ein Detachement als Besatzung zurückließ, mit dem größten Theil seiner Truppen nach Ailly-sur-Noye ab.

Der Eindruck, den diese Maßregel bei der Bevölkerung machte, war sehr ungünstig. Hatte überdies der Gesundheitszustand der Pferde während der letzten 14 Tage durch meilenweite Patrouillenritte bei Tag und bei Nacht, bald durch tiefen Schnee, bald auf hart gefrorenen Wegen, sehr stark gelitten, so war jetzt vollends an keinen Augenblick der Erholung mehr zu denken. Die sonst so ruhigen Einwohner sammelten sich in Haufen und versperrten die Straßen.

Bei der Wichtigkeit, welche Amiens als Stützpunkt für die Armee hatte, wurde daher auch schon am Abend des 16. von Seiten des Generals v. Manteuffel die Wiederbesetzung der Stadt befohlen. General v. Mirus wurde hiermit beauftragt, und es wurden ihm zu diesem Zweck die 3. Infanterie-Brigade, unser Regiment und zwei Batterien zur Verfügung gestellt. Am 18. Dezember sollte die Wiederbesetzung stattfinden. Am Morgen dieses Tages war bereits um 4 Uhr früh Alles zu Pferde. Es war sehr kalt; ein dichter Nebel vermehrte noch die Dunkelheit des häßlichen Dezembermorgens. Man wußte, daß der Feind in bedeutender Uebermacht unmittelbar nördlich von Amiens stand, und Jeder erwartete für den heutigen Tag ein Gefecht. In Ailly-sur-Noye wurde ein kurzer Halt gemacht und das Essen, welches durch vorgesandte Patrouillen requirirt worden, auf den Straßen verzehrt. Um 3 Uhr Nachmittags war Amiens wieder erreicht. Das ganze Detachement entwickelte sich auf einer Anhöhe, während Premierlieutenant Rösingh und Lieutenant v. Sinner mit ihren Zügen hineingesandt wurden, die Stadt abzusuchen und Verbindung mit der Citadelle herzustellen. Es war Sonntag, infolgedessen der Boulevard recht belebt, besonders sah man viele Arbeiter in den üblichen Blousen; die Leute verhielten sich indessen vollkommen ruhig. Schwache feindliche Patrouillen sollten sich am Bahnhof befunden haben; auf Zureden des Maire, der die Stadt nicht zum Kampfplatz machen wollte, entfernten sie sich bei der Annäherung der Ulanen. So war die Citadelle bald erreicht. Der alte Bau, von Vauban stammend, beherrschte die ganze Stadt und alle Zugänge von Norden her. Dort vereinigten sich strahlenförmig die Straßen von Molliens-Vidame, Airaines, Abbeville, Bernaville, Doullens, Arras und Albert. Alle hatten nur hier einen Uebergang über die Somme, denn die sonst vorhandenen Brücken waren, mit Ausnahme der Eisenbahnbrücke bei Glisy, zerstört.

Auf der Citadelle hatte man den Anmarsch des Detachements gesehen und vernahm nun weiter mit großer Freude, daß Stadt und Vororte noch frei vom Feinde waren. Die Züge ritten von dort mitten durch die Stadt zurück, diese absuchend. Seit dem 16. hatten die Pompiers die Wachen bezogen und in anerkennenswerther Weise die Ordnung aufrecht erhalten, namentlich auch die deutschen Lazarethe geschützt. Nun erfolgte der Einmarsch des ganzen Detachements, und General v. Mirus nahm auf dem Boulevard die Parade ab. Bei voller Dunkelheit kamen die Ulanen ins Quartier. Da Niemand seine Straße verlassen durfte, so war die 1. Schwadron besonders erfreut, da sie in der ihrigen, der Rue de la Patrie, außer guten Quartieren auch noch eine Reitbahn mit vielen geräumigen Stallungen gefunden hatte. Auch sonst waren Roß und Reiter gut untergebracht, und beide hatten wohl nach dem heutigen Tage die Ruhe verdient.

Dieselbe sollte indeß nicht lange dauern. Nachdem noch an demselben und am folgenden Tage verschiedene kleinere Patrouillen das Vorgelände hatten aufklären müssen, wurde am 20. zum Zweck einer größeren Erkundung die 3. Schwadron zusammen mit einem Bataillon und einer Batterie dem Major v. Bock vom 44. Regiment unterstellt. Bei Poulainville entspann sich ein Gefecht, in welchem vom Regiment nur ein Pferd verwundet wurde, während sich der Gesammtverlust deutscherseits auf 70 Mann belief; auch die nach Albert und Querrieux entsandten Patrouillen stießen heute mehrfach mit dem Feinde zusammen. Die Leute mußten daher ausnahmslos des Nachts bei den Pferden bleiben. Noch schwieriger wurde der Dienst, als am nämlichen Abend das Armee-Oberkommando mit dem Generalkommando des 8. Korps und der 32. Infanterie-Brigade in Amiens einrückte. Sämmtliche Straßen nördlich der Stadt sowie auf beiden Seiten der Somme wurden Tag und Nacht durch Patrouillen bewacht; hierbei wurde der Ulan Kraemer der 2. Eskadron im Wäldchen von Querrieux von dort stehender feindlicher Infanterie durch einen Schuß in den Oberschenkel schwer verwundet.

Der 21. Dezember brachte noch stärkere Kälte. Abends erhielt die 1. Eskadron Befehl, auf der Straße nach Abbeville bis Moutiöres vorzugehen und dort Quartiere zu beziehen. Der Marsch war kurz, nur wenige Kilometer, im Dorf selbst aber erschien die Lage doch sehr wenig vertrauenerweckend. In tiefster Dunkelheit war man angelangt, und der Feind befand sich in allernächster Nähe. Bei dem Mangel einer Schußwaffe war an eine Vertheidigung des Dorfes nicht zu denken. Die Sicherung mußte durch zahlreiche Patrouillen bewerkstelligt werden, die Pferde blieben gesattelt. Die Offiziere lagen zusammen mit einem Zuge in einem großen Gehöft, gegenüber ein anderer Zug unter Wachtmeister Niederhausen, der Rest der Schwadron in nächster Nähe. Gegen Morgen hörte man den Tritt großer Infanterie-Kolonnen in der Dorfstraße. Premierlieutenant v. Müller öffnete das Fenster, bei der Dunkelheit aber war nichts zu sehen. „Was marschirt da?" rief er hinunter, und die Antwort war: „das 69. Regiment". „Alles absatteln lassen, Wachtmeister", befahl nun der Eskadronsführer über die Straße hinüber, „nun sollen die Leute ruhen!"

Nachdem am 22. der Stab sein Quartier über Montières hinaus bis nach Picquigny vorgeschoben hatte, traf am folgenden Tage die 2. Eskadron bei einer Erkundung auf der Straße nach Abbeville bei Hangest-sur-Somme auf 300 feindliche Mobilgarden, welche sich in das Dorf warfen. Portepeefähnrich v. Schierstädt attackirte mit seinem Zuge eine Seitenpatrouille, von welcher er einen Mann verwundete und einen Gefangenen einbrachte. Da der Feind sich alsbald auf Condé-Folies zurückzog, so ritt die 4. Schwadron, welche unter Oberstlieutenant v. Pestel zur Unterstützung ausgerückt war, wieder in ihre Quartiere.

So war der Heilige Abend herangekommen, aber die Aussichten waren für eine Feier desselben sowie der beiden Festtage ziemlich trübe. Die 1. Schwadron war schließlich auch nach Picquigny gefolgt, und da sie dort keinen Platz mehr fand, über die Somme ins nächste Dorf La Chaussée marschirt. Dort saßen nun die Kameraden am Abend des 24., von einer neunstündigen Erkundung bis hart gegen Abbeville bei sibirischer Kälte zurückgekehrt, am Kaminfeuer bei saurem Rothwein und Schnaps. Die Leute im Ort waren freundlich; den Maire hatte eine Patrouille des 9. Husaren-Regiments, da sie Franctireurs im Orte vermuthete, mit nach Amiens genommen. Unter Thränen hatte dessen Schwiegersohn dem Premierlieutenant v. Müller die Sache vorgetragen, worauf dieser versprach, sich für den gefangenen Bürgermeister zu verwenden. Nun war die Freude groß, und die Dorfbewohner, die selbst nichts geben konnten, erzählten, in der Nähe läge ein Schloß des Herzogs von La Rochefoucauld; die Weine aus dessen Kellereien würden den Ulanen bei der Kälte sicher gut thun. Der Vorschlag schien einleuchtend. Am nächsten Morgen wurde Portepeefähnrich Scriba mit den nöthigen Wagen nach dem Schlosse geschickt, um eine Beitreibung gegen Empfangs= bescheinigung vorzunehmen, so daß, als am Nachmittag die Schwadron von einer Erkundung zurückkehrte, jeder Ulan eine Flasche Bordeaux oder Burgunder erhalten konnte. Als nun gar auf Lieutenant v. Müllers Verwendung am 26. wirklich der Maire zurückkehrte, da war das ganze Dorf in rosigster Stimmung. Die Ulanen tanzten mit den Mädchen, und Alles trank von dem schönen Wein des Herzogs. Am 27. rückte die Schwadron ab, und Alle schieden als gute Freunde; man glaubte im Manöver zu sein, nicht im Kriege. Aber daß man im Kriege war, das zeigten schon die nächsten Stunden.

Nachdem am 24. ein Zusammenstoß mit Mobilgarden beim Dorfe Ailly stattgefunden, hatte Oberstlieutenant v. Pestel den Befehl erhalten, mit seinem Regiment und dem Füsilier=Bataillon Infanterie= Regiments Nr. 70 das ganze Gelände gegen Abbeville von Frei= schaaren zu säubern und das Ansammeln größerer feindlicher Truppen= massen zu verhüten. Das Detachement war dem Oberkommando des 8. Armeekorps unmittelbar unterstellt, und sollten sämmtliche Meldungen an dieses gerichtet werden. Am 26. früh stand die eine Hälfte des Füsilier=Bataillons in Picquigny, die andere in La Chaussée, von wo aus die 9. Kompagnie mit der 2. Eskadron zusammen nach Hangest entsandt wurde. Die über diesen Ort hinaus vorgetriebenen Patrouillen erhielten bei Longpré und Condé=Folies Feuer. So= eben schickten sie hiervon Meldung an Oberstlieutenant v. Pestel nach Picquigny, als dieser von General v. Goeben aus Albert nach= stehenden Befehl erhielt:

„Euer Hochwohlgeboren haben von jetzt ab Ihr Detachement als fliegende Kolonne zu etabliren, mit der Aufgabe, einmal die Annäherung von Mobilgarden, Franctireurs ꝛc. von Abbeville gegen Amiens auf beiden Ufern zu hindern, nächstdem aber auch die Verbindung Abbeville—Arras und Abbeville—Hesdin zu zer= stören. Sollte es möglich sein, Kavallerie=Patrouillen bis an die Eisenbahnlinie Abbeville—Boulogne vorzuschieben, so sind auch dort Bahn und Telegraph zu zerstören. . . ."

Daraufhin rückte am 27. das Detachement, 3 Eskadrons und 3 Kompagnien stark — die 2. Eskadron und die 9. Kompagnie verblieben in Hangest —, von Picquigny bezw. La Chaussée nach Flixecourt, woselbst es um 1 Uhr eintraf. Die Lieutenants Zillikens und Crause waren zur Bedeckung der kranken Leute und Pferde in Picquigny geblieben. Die 3. Eskadron wurde alsdann mit einer Kompagnie zusammen auf der Straße nach Ailly vorgeschickt und, da dieselben von L'Etoile aus Feuer bekamen, so rückte nunmehr Oberstlieutenant v. Pestel auch mit der 1. und 4. Eskadron und den anderen beiden Kompagnien vor. Die Kavallerie konnte des Geländes wegen nicht zum Angriff kommen, doch war das erste Vorgehen der Infanterie gleich so erfolgreich, daß der Feind schleunigst abzog und nach Condé-Folies auf das linke Somme-Ufer zurückging. Ehe es diesseits verhindert werden konnte, hatte er die zum Abbruch vorbereitete Brücke hinter sich zerstört, und ein weiteres Vordringen des Detachements war somit für heute ausgeschlossen. Oberstlieutenant v. Pestel befahl daher, das Gefecht abzubrechen, zumal das rechte Somme-Ufer nach Zerstörung der Brücke für längere Zeit vom Feinde befreit und somit ein wichtiger Theil des Auftrages erfüllt war. Während dann das Detachement nach Flixecourt zurückging, sicherte die Kavallerie gegen Ailly, und es meldeten in der Nacht die nach L'Etoile geschickten Infanterie-Patrouillen, daß auch dieser Ort nicht wieder vom Feinde besetzt worden wäre.

Um jedoch am nächsten Morgen ohne Zeitverlust die Bewegung wieder aufnehmen zu können, ließ Oberstlieutenant v. Pestel noch in der Nacht durch die 9. Kompagnie die Somme-Brücke bei Hangest wieder herstellen, so daß das Detachement von hier ungehindert über Airaines gegen Longpré vorgehen konnte. Hier und in Condé-Folies sollten im Ganzen drei Bataillone Mobilgarden stehen. Gegen letzteren Ort wurde Major Heinichen mit der 2. Eskadron und der 9. Kompagnie entsandt. Nachdem die Patrouillen am Dorfrande von Longpré Feuer erhalten hatten, wurde die Infanterie vorgezogen, welche im ersten Anlauf den Dorfrand nahm. Nunmehr entspann sich ein hartnäckiger Kampf um die einzelnen Häuser, während die 1. Schwadron und 2 Züge der 4., bei denen sich die Standarte befand, in der rechten Flanke sicherten. Plötzlich erblickten diese ein Bataillon Mobilgarden im Anmarsch auf den Ort. Die Lage wurde für die drei Kompagnien, die sich schon jetzt mit einer bedeutenden Uebermacht im Kampfe befanden, unangenehm. Ihnen mußten die Ulanen durch eine Attacke Luft machen. Freilich, mit sechs Zügen ein Bataillon attackiren, in tiefem Schnee, der keine schnelle Gangart erlaubte, das versprach wenig Erfolg. Man ließ daher die Standarte zurück, marschirte auf und ritt los. Alles erwartete eine Salve, aber es fiel kein Schuß. Plötzlich machte das ganze Bataillon Kehrt und lief so schnell davon, daß die Ulanen es in dem tiefen Schnee gar nicht einzuholen vermochten. Inzwischen war durch das Eingreifen der 9. Kompagnie von Condé-Folies her das Gefecht selbst entschieden worden. Der Feind floh in hellen Haufen auf der großen Straße, und die Kavallerie-Patrouillen verfolgten ihn bis gegen Abbeville hin, seine Niederlage in eine Vernichtung verwandelnd. 10 Offiziere und 230 Mann wurden im Ganzen als Gefangene eingebracht. Im Dorf hatte das Gefecht zuletzt mit besonderer Heftigkeit gewüthet, und viele Bauern, die sich zur Wehre setzten, waren in ihren Häusern niedergemacht worden. Die Zahl der tobten und verwundeten Mobilgarden war ebenfalls bedeutend. Nach den Gefechten von L'Etoile und Longpré konnten jetzt beide Somme-Ufer als frei vom Feinde angesehen werden. Auch am nächsten Morgen bestätigten die einlaufenden Meldungen, daß bis Abbeville keine Spur mehr vom Feinde zu entdecken wäre.

Um 5 Uhr, bei einbrechender Dunkelheit, wurde der Rückmarsch nach Airaines angetreten, während Major Heinichen wieder die Richtung auf Hangest einschlug, um den dortigen Uebergang für das Detachement offen zu halten. Nach Angabe der gefangenen Offiziere hatten bei Longpré wirklich drei Bataillone Mobilgarden gestanden, die mit Remingtongewehren bewaffnet waren. Am nächsten Morgen wurden die Gefangenen durch Lieutenant v. Sinner nach Amiens befördert. Dieser war während des Gefechts gestürzt und fuhr, da er nicht zu Pferde steigen konnte, auf einem Bauernwagen nach Amiens. Da hier der Arzt eine starke Quetschung und Verrenkung des Fußgelenks feststellte, so begab er sich mittelst eines Lazarethzuges nach Koblenz zu seinen Eltern.

Das Detachement vereinigte sich an diesem Tage in Hangest und marschirte von dort in furchtbarem Schneegestöber und bei schneidender Kälte nach Domart und am 30. nach St. Riquier. Von hier aus wurde Lieutenant Karcher als Parlamentär nach Abbeville geschickt um diesen Platz zur Uebergabe aufzufordern. Mit drei französischen Offizieren, die darauf in St. Riquier eintrafen, wurden längere Unterhandlungen gepflogen, worauf jedoch schließlich am 31. die Uebergabe vom Kommandanten schriftlich abgelehnt wurde.

Um 1 Uhr marschirte sodann das Detachement nach Crécy=en= Pouthieu, woselbst um 6 Uhr Ortsunterkunft bezogen wurde. Vereint erwarteten hier die Kameraden das neue Jahr, in der Hoffnung, es möchten ihnen auch in diesem Ruhmestage, ähnlich denen von Saarbrücken, beschieden sein.

Noch in später Abendstunde übersandte General v. Goeben nachstehendes Schreiben des Armeeführers:

Indem ich Euer Excellenz für die erfreuliche Nachricht über das Gefecht von Longpré danke und Ihnen zu diesem neuen glücklichen Resultate Ihres Armeekorps gratulire, ersuche ich Sie, dem Oberstlieutenant v. Pestel meine Glückwünsche zu diesem glänzenden Gefecht auszusprechen.

(gez.) Frhr. v. Manteuffel
General der Kavallerie.

Als sodann am Neujahrsmorgen auf die Meldung der Ereignisse vor Abbeville hin ein Schreiben von Seiten des Generalkommandos eintraf, man habe dort auf einen Erfolg der eingeleiteten Kapitulationsverhandlungen nicht gerechnet, so lange die Verbindung zwischen Abbeville und Boulogne noch ungestört sei, da hatte bereits Rittmeister von der Osten mit seiner Eskadron und einer halben Kompagnie die genannte Strecke in der Nähe von Avry an mehreren Stellen zerstört. Viele Brücken waren, soweit sich dies ohne Schießbaumwolle ausführen ließ, zerstört, Schienen aufgenommen und ins Wasser versenkt oder krumm geschlagen. Einen ganzen Telegraphenapparat hatte man abgeschraubt und mitgenommen, die Drähte an mehreren Stellen durchschnitten, um die Stücke ins Wasser zu werfen, und einige 20 Telegraphenstangen abgehauen. Nach den Aussagen der französischen Parlamentäre und den Fragen, die man in Abbeville an Lieutenant Karcher gestellt hatte, glaubte Oberstlieutenant v. Pestel den ungünstigen Ausfall der Unterhandlungen nicht zum Wenigsten darauf zurückführen zu müssen, daß sein Detachement der Artillerie, der Haupt=Angriffswaffe gegen eine Stadt, vollkommen entbehrte.

Im Uebrigen wurde der Neujahrstag zu einer Unternehmung gegen die benachbarten Dörfer benutzt, in welchen sich, eingelaufenen Meldungen zufolge, Franctireurs aufhalten sollten. Man fand solche jedoch nur in dem Dorfe Le Boisle, und auch hier verschwanden sie, nachdem einer getödtet worden war, der allgemeinen Gewohnheit gemäß sofort in den Häusern, um sich umzuziehen. Man mußte sich also damit begnügen, dem Ort eine Geldstrafe aufzuerlegen, worauf das Detachement nach Crécy zurückkehrte. Da das erwähnte Schreiben des Obersten v. Witzendorff an Oberstlieutenant v. Pestel den Befehl enthielt, nach Zerstörung der Verbindungen zwischen Abbeville und Boulogne in kleinen Märschen nach Picquigny zurückzukehren, so brach, nachdem Rittmeister von der Osten wieder eingetroffen war, das Ganze auf, um am 3. Januar über Auxy-le-Château und Domart Picquigny zu erreichen. Die 4. Schwadron wurde nach Breilly gesandt, während Patrouillen gegen Longpré, Flixecourt und Monflers aufklärten.

Am 5. traf zum ersten Mal wieder ein Befehl des Generalkommandos ein, nach welchem eine Schwadron — es wurde hierzu die 4. bestimmt — in Picquigny zurückbleiben sollte. Diese hatte den Auftrag, auf beiden Ufern der Somme zu patrouilliren, während der Rest des Detachements in zwei Tagen über Villers-Bocage nach Acheux marschirte. Hier wurden am 7. auf einen Korpsbefehl vom nämlichen Tage hin, „es solle das Detachement Pestel und die 3. Kavallerie-Division lebhaft bis über die Linie Arras—Doullens hinaus patrouilliren, um festzustellen, ob etwa der Feind sich weiter westlich zeige", soeben die entsprechenden Anordnungen getroffen, als Oberstlieutenant v. Pestel nachstehendes Schreiben des Obersten v. Witzendorff erhielt:

„Eingegangenen Nachrichten zufolge soll der Feind die Absicht haben, mit seiner Masse von Arras auf Amiens zu marschiren und ist vielleicht schon jetzt im Marsch dorthin. Euer Hochwohlgeboren werden angewiesen, durch Patrouillen über die Sachlage sich zu orientiren, vorläufig mit dem Gros Ihres Detachements in Acheux zu bleiben, den Feind zu beobachten, beim Vorrücken desselben in der Richtung auf Amiens sich zurückzuziehen und dorthin direkt an das Oberkommando der I. Armee zu melden, sobald Bewegungen des Feindes bezw. in welchen Richtungen, mit welcher Stärke ec. stattfinden. So lange als möglich, ist darüber auch hierher zu melden. . . ."

Sofort wurden zwei starke Patrouillen unter den Premierlieutenants Rösingh und v. Müller II. zur Beobachtung von Arras entfandt. Am Mittag des 8. lief von denselben die Meldung ein, der Ort sei fast frei vom Feinde, dagegen hätten sie in Agny Infanteriefeuer bekommen, und von Agencourt seien sofort nach ihrem Erscheinen feindliche Patrouillen auf Arras zu geritten. Schon hatte Oberstlieutenant v. Pestel an die Offiziere den Befehl zur Rückkehr abgeschickt, als um 5 Uhr von den Patrouillen einzelne Versprengte eintrafen und berichteten, sie seien in Mouchy-au-Bois während des Abfütterns durch die Einwohner des Dorfes und Franctireurs, welche im Keller versteckt gewesen seien, umzingelt worden. 2 Offiziere, 4 Unteroffiziere, 29 Mann mußten gefangen genommen sein, 3 Ulanen, hörte man, wären schwer verwundet. Am nächsten Morgen um 4 Uhr ging daraufhin ein Kommando, bestehend aus der 1. Eskadron und zwei Kompagnien nach Mouchy-au-Bois, um das Dorf für den Ueberfall zu züchtigen. Das Gehöft, in welchem derselbe stattgefunden hatte, wurde eingeäschert, 75 Pferde nahm man mit, und es mußte schließlich der Ort eine Geldstrafe von 2000 Francs zahlen.

Die Nachricht von der schweren Verwundung der drei Ulanen bestätigte sich leider nur zu bald; man fand die Leichen des Avantageurs Grafen Salm, des Einjährig-Freiwilligen Kraus und des Ulanen Horn, welche am 10. Januar auf dem Kirchhof zu Acheux beerdigt wurden.

An demselben Tage wurde auf Befehl des Generalkommandos das Detachement aufgelöst, nachdem am 8. der Korpsbefehl das Ergebniß der letzten Meldungen in folgender Weise zusammengefaßt hatte:

„Vor den vom Oberstlieutenant v. Pestel von Acheux über Avesnes auf Arras vorgeschickten Patrouillen zog sich der Feind sofort in die Festung zurück. Diese Patrouillen fanden nur Agny noch von Infanterie besetzt. Westlich von Arras ist nichts vom Feinde zu sehen, derselbe soll sich vielmehr nach Vitry und Cambrai abgezogen haben."

Inzwischen war schon am 7. Januar eine Veränderung im Armee-Oberkommando eingetreten. Der General der Kavallerie Freiherr v. Manteuffel wurde zum Befehlshaber der aus dem 2., 7. und 14. Korps neu gebildeten Süd-Armee ernannt, welche gegen Bourbaki und Garibaldi operiren sollte, dagegen übernahm General der Infanterie v. Goeben die Führung der I. Armee. Am 10. Januar wurde die 3. Eskadron unter Major Heinichen zum

Garnisondienst nach Amiens kommandirt, wo bis jetzt die 1. Schwa=
dron des 1. Garde=Dragoner=Regiments die Deckung des Haupt=
quartiers der I. Armee übernommen hatte. Oberstlieutenant v. Pestel
trat mit der 1. und 2. Schwadron am gleichen Tage zur 29. In=
fanterie=Brigade in Albert, am 11. zu einem neu gebildeten Detache=
ment, das außerdem aus 5 Bataillonen und 2 Batterien bestand und
dem Generalmajor v. Memerty unterstellt war. Dasselbe befand
sich in Querrieux und verblieb dort auch am folgenden Tage, um
am Morgen des 13. Januar Albert wieder zu besetzen. — Lieutenant
Schulz, der mit einem Zuge der 2. Eskadron zur Aufklärung gegen
Bapaume vorgeschickt worden war, erhielt beim Dorfe Pozières
Feuer, wodurch 3 Pferde verwundet wurden. 5 Ulanen und 3 Pferde
wurden außerdem vermißt.

In Albert stellte die 2. Eskadron zur Sicherung eine Feldwache
aus, worauf am Mittag des 14. das Detachement nach Querrieux
zurückkehrte, da eine feindliche Division im Anmarsch auf Albert ge=
meldet war. Inzwischen hatte sich das 8. Armeekorps hinter die
Somme zurückgezogen, und so stand auf dem rechten Ufer nur noch
das Detachement Memerty, das außer dem Ulanen=Regiment jetzt
8 Bataillone und 4 Batterien zählte, sowie der Rest der 3. Kavallerie=
Division bei Warloy. Diese Truppen wurden jetzt sämmtlich unter
dem Kommando des Generallieutenants Grafen von der Groeben
zu einem Detachement vereinigt.

Eine am 15. Januar mit dem Ulanen=Regiment, 3 Bataillonen
und einer Batterie nach Albert unternommene Erkundung stellte fest,
daß jener Ort noch stark vom Feinde besetzt sei, daß aber das Gros
nicht auf diesem Wege folge, sondern wahrscheinlich unter dem Schutze
der vorgeschobenen Truppen links in der Richtung auf St. Quentin
abmarschirt sei. Am 16. wurde diese Vermuthung durch eine Mit=
theilung der Kavallerie=Division Graf Lippe aus St. Quentin fast
zur Gewißheit. Während die 16. Infanterie=Division in dieser Rich=
tung aufklärte, blieb das Detachement Graf Groeben an diesem Tage
noch in seiner Stellung, erhielt aber gegen Abend den Befehl, am
nächsten Morgen aufzubrechen und den Feind aus Albert zu ver=
jagen. Die Lage am 16. schildert das Generalstabswerk mit folgenden
Worten:

„Um zu voller Klarheit über die Absicht des Gegners zu ge=
langen, hatte General v. Goeben für den 17. einen umfassenden

Angriff auf Albert angeordnet. Allein bevor noch die Bewegungen zur Ausführung kamen, liefen Meldungen ein über den Marsch feindlicher Kolonnen in östlicher Richtung und deren Eintreffen bei Combles. Ein bei Fins gefangener Artillerie-Offizier sagte aus, daß in Sorel 3 Bataillone und 2 Batterien Nachtquartier nehmen würden. Vor Allem entscheidend aber war die in der Frühe des 17. dem Oberkommando zugehende Meldung eines Offiziers vom Ulanen-Regiment Nr. 7, welcher Albert am 16. Mittags vom Feinde verlassen gefunden hatte. General v. Goeben trat nun auch seinerseits sofort den Abmarsch in östlicher Richtung an."

Schon am 16. hatte Oberstlieutenant v. Pestel zwei Patrouillen auf der großen Straße von Querrieux aus gegen Albert geschickt. Diese meldeten zwar den Ort frei vom Feinde, doch hielt man diese Angabe nicht für zuverlässig, da auch später nach Querrieux zurückgekehrte Patrouillen Albert besetzt gefunden haben wollten. Um nun hierüber unbedingt Klarheit zu schaffen, erhielt noch spät Abends Lieutenant v. Haeseler den Befehl, am nächsten Morgen um 5 Uhr mit seinem Zuge und einer Abtheilung Infanterie, welche auf Wagen gesetzt wurde, gegen Albert vorzugehen. Die Infanteristen blieben in einer geeigneten Aufnahmestellung vor der Stadt zurück, während die Ulanen aufgelöst von verschiedenen Seiten nach Albert hineinritten und feststellten, daß daselbst nichts mehr vom Feinde zu finden war. Die hierauf bezügliche Meldung sandte Lieutenant v. Haeseler nach Querrieux, er selbst folgte auf der nämlichen Straße, auf der er zuletzt der Division begegnete.

Auch Graf Groeben änderte nunmehr seinen Befehl, Albert anzugreifen, dahin ab, daß die kombinirte Division Memerty durch diesen Ort auf Péronne zu marschiren habe, während die Kavallerie-Brigade Graf zu Dohna — die Kavallerie-Division ohne das Ulanen-Regiment Nr. 7 — in der linken Flanke der Infanterie über Mesnil, Poziòres nach Combles vorzurücken habe.

Es galt, den Feind einzuholen, doch durfte bei diesem Wettlauf keine Vorsichtsmaßregel außer Acht gelassen werden. Denn während jener den diesseitigen Flankenmarsch von Norden her beunruhigen konnte, hinderte die Somme, deren Brücken gesprengt waren, jede Verbindung mit dem 8. Korps. Der Führer, Graf Groeben, schien indessen so voller Zuversicht, von so freudigem Muthe beseelt, daß sich diese Stimmung unwillkürlich den Truppen mittheilte. Von

9 Uhr Morgens bis 6 Uhr Abends legte die kombinirte Division Memerty den nahezu 40 km weiten Weg bis Clery-sur-Somme in tiefem Boden zurück. Das Regiment übernahm die Sicherung auf dem Marsche, während der Nacht stellte die Brigade Dohna die Vorposten.

Am 18. wurde auf dem Sammelplatz bei Péronne Oberstlieutenant v. Pestel zum Kommandeur der aus dem 4. Infanterie-Regiment, den drei Eskadrons unseres Regiments und einer Batterie bestehenden Avantgarde ernannt, infolge dessen Rittmeister v. Luck die Führung des Regiments übernahm. Um 10 Uhr trat die Avantgarde den Vormarsch auf der Straße Cartigny—Hancourt an, und als die Spitze letzteren Ort erreichte, schallten die ersten Kanonenschüsse von rechts herüber. Sie kamen von der Brigade Strubberg, die den nach St. Quentin ziehenden Feind in der Flanke angegriffen und ihm das Dorf Tertry abgenommen hatte. Die Avantgarde blieb daher zunächst halten, in demselben Augenblick jedoch, als Graf Groeben die bezügliche Meldung erhielt, ließ ihn Generallieutenant v. Kummer ersuchen, die eingeschlagene Straße zu verlassen und sich dicht an die Brigade Strubberg heranzuziehen. Die Avantgarde erhielt daher Befehl, bei Braignes und Poeuilly die alte Römerstraße zu gewinnen, worauf sie jedoch umgehend meldete, letzterer Ort sei vom Feinde besetzt. Graf Groeben, der inzwischen an der Spitze der Infanterie bei Estrées-en-Chaussée angekommen war, befahl, als er diese Nachricht erhielt, sofort das Dorf anzugreifen. Die Eskadrons gingen weiter erkundend vor und erhielten von einer seitwärts Poeuilly plötzlich auftretenden Batterie Granatfeuer. Rittmeister v. Luck bekam von General v. Memerty den Auftrag, den sich zurückziehenden Feind mit der sämmtlichen verfügbaren Kavallerie in der linken Flanke zu beschäftigen und zu beunruhigen. Die beiden Schwadronen traten daher einen Flankenmarsch in der Richtung auf Sohécourt an, wobei von der 2. Eskadron einige versprengte Infanteristen zu Gefangenen gemacht wurden. Die 4. Schwadron kehrte inzwischen ebenfalls zurück und trat wieder in den Regimentsverband. Als nun bei dem Herannahen der Eskadron eine Abtheilung feindlicher Infanteristen sichtbar wurde, welche das Dorf zu erreichen bemüht war, wurde ein Zug unter Vizewachtmeister Boecking dagegen entsendet. Derselbe griff die Infanterie an und brachte mehrere Gefangene zurück, ohne selbst von dem heftigen Gewehrfeuer aus dem Dorfrande Verluste erlitten zu haben. Die

Eskadrons verfolgten weiter ihren Marsch in der linken Flanke und beabsichtigten, den Feind bei einer etwaigen Räumung des Dorfes zu attackiren. Da jedoch inzwischen die Brigade Dohna auf eine Meldung des Rittmeisters v. Luck hin zwei Geschütze geschickt hatte, welche jetzt ohne weitere Bedeckung Soyécourt auf 800 Schritt von links her beschossen, so mußten vorläufig die 1. und 2. Eskadron hier zurückbleiben. Als daher unter anhaltendem Gewehrfeuer das brennende Poeuilly vom 4. Regiment mit Sturm genommen, war zur Verfolgung nur Rittmeister von der Osten disponibel; dieser warf sich im Verein mit Rittmeister v. Kaisenberg vom Ulanen-Regiment Nr. 14 auf den in regelloser Flucht zurückgehenden Feind, und beiden gemeinschaftlich gelang es, diesen Erfolg bis zu einer Vernichtung des Gegners zu steigern.

Jetzt schien die Schlacht gewonnen. Der Grund östlich Poeuilly war vom 4. Regiment bald durchschritten und die Höhe gegen Vermand genommen, auch ließ hier Oberstlieutenant v. Pestel seine Batterie auffahren, um Tod und Verderben in die Reihen der fliehenden Franzosen zu senden. Drei weitere Batterien und das Regiment 44 hatte Graf Groeben herübergezogen, das Gefecht bei der Brigade Strubberg schwieg, die Sonne war untergegangen. Plötzlich brach der Feind, der sich bei Vermand vereinigt hatte und nun seine Rückzugslinie gefährdet sah, von Neuem vor. 24 Kanonen donnerten ihm von deutscher Seite entgegen, aber eine fast gleiche Anzahl antwortete diesen, und näher, immer näher rückten die feindlichen Schützenlinien, unsere ermüdeten Soldaten mit Feuer aus den weittragenden Chassepots überschüttend. Es war ein gefährlicher Augenblick. Da stellten sich Graf Groeben, General v. Memerty und Oberstlieutenant v. Pestel an die Spitze der gelichteten Bataillone; mit einem Hoch auf den König wußten sie die Mannschaften zu begeistern und unter donnerndem Hurrah wurde der Feind zurückgeworfen.

Ein zweiter Angriff folgte. Oberstlieutenant v. Pestel, dem sein Pferd erschossen war, stand mitten in der Schützenlinie. Jetzt ließ er den nächsten Tambour Sturmmarsch schlagen, Lieutenant v. Haeseler und der Regimentsschreiber schlossen sich ihm an, und, unter fortwährendem Hurrah, die ganze Linie mit sich fortreißend, ging es vorwärts, bis die Franzosen ihre letzte Stellung aufgaben.

Nachdem das Feuer endlich zum Schweigen gekommen, wurden sämmtliche Truppen, mit Ausnahme der Vorposten, hinter den Abschnitt zurückgezogen und biwakirten dieselben zum größten Theil auf dem blutig errungenen Schlachtfelde. Dem Regiment war das Dorf Pocuilly zum Kantonniren angewiesen, doch unterschied sich dieser Unterkunftsort, in dem die Schlacht Stunden lang gewüthet hatte, nur wenig von einem Biwak. Glücklich der, der diesen Abend noch etwas Hafer für sein Pferd, für sich noch ein Stück Kommißbrot im Futtersack hatte, denn sonst mußten Roß und Reiter den Magen ganz auf den folgenden Tag vertrösten. Aber die Anstrengungen sollten nicht vergebens gewesen, das Blut so vieler Tapferen nicht umsonst geflossen sein. Von welcher Bedeutung das Gefecht gewesen, das bewiesen die Gefangenen, welche das Regiment beim Vormarsch am Morgen des 19. zu Hunderten aus Vermand und Umgegend einbrachte. Schon in der Nacht hatte der Feind diesen Ort geräumt. Der große Plan des Befehlshabers der I. Armee ging nun dahin, denselben rechts umfassend anzugreifen und St. Quentin zu nehmen. In der äußersten linken Flanke stand das Truppenkorps Groeben, am weitesten hinausgeschoben die Brigade Dohna, rechts davon die kombinirte Division Memerty, an welche sich dann weiter die 15. Division des Generallieutenants v. Kummer anschloß. Bis zur Waldparzelle westlich Holnon ging der Vormarsch ungehindert von statten, hier erhielt Lieutenant Loeper, der mit seinem Zuge vorgeschickt war, heftiges Feuer. Als nun die Infanterie der Avantgarde zum Angriff vorgezogen wurde, traf Rittmeister v. Luck der Befehl, mit der 1. und 4. Eskadron, — die 2. war soeben zur Bedeckung einer Batterie kommandirt worden, — und 2 Schwadronen 5. Ulanen-Regiments in der rechten Flanke des Feindes zu beobachten. Das so gebildete Regiment ging darauf an Fresnoy links vorbei gegen Gricourt vor, das vom Feinde schwach besetzt war. Während hier Halt gemacht und eine Schwadron zur Beobachtung der Straße nach Cambrai gegen Bellenglise vorgeschoben wurde, hatte die Infanterie der Division Memerty unter dem Obersten v. Massow zuerst den Wald und dann die Dörfer Holnon, Selency und Francilly im Sturm genommen und dadurch auch der Division Kummer, deren Gegner sich jetzt in Flanke und Rücken bedroht sah, die Arbeit erleichtert. Graf Groeben sah nun die Straße bis nach St. Quentin frei vor sich liegen, doch erkannte er in der Erreichung der Rückzugslinie des Feindes, der Chaussee St. Quentin—Cambrai, ein wichtigeres und dem Plane des Generals v. Goeben mehr entsprechendes Ziel, als in dem Angriff auf die Stadt selbst. Er ging daher mit der Hauptmasse seiner Infanterie gegen das Dorf Fayet vor, das die erwähnte Straße deckte, doch trat bald eine Gefechtspause ein, da mehrere Kompagnien sich verschossen hatten und auch die Artillerie meldete, sie habe keine Munition mehr. In diesem Augenblick der allgemeinen Ruhe, kurz nach 3½ Uhr, erblickte Rittmeister v. Luck von Gricourt aus feindliche Kolonnen, die in der Stärke von 8000 Mann auf der Straße von Cambrai gegen St. Quentin vorgingen und soeben in der Höhe von Bellenglise anlangten. Um sie zu beunruhigen und in ihrem Marsch aufzuhalten, ging er mit dem kombinirten Regiment auf die vorliegenden Höhen von Pontruet und ließ unter gleichzeitiger Meldung der Vorgänge beim Feinde den Grafen Dohna, welcher mit seiner Brigade bei Fresnoy stand, um die beiden Geschütze bitten. Leider konnten dieselben nicht abgegeben werden, doch wurden die mehrmaligen Versuche des Feindes, Bellenglise und Pontruet zu besetzen, durch wiederholtes Vorgehen des Regiments verhindert. Endlich schien sich der Gegner dennoch zu entschlossenem Vorgehen aufraffen zu wollen, und dann konnte eine Attacke von vier Schwadronen die 8000 Mann nicht aufhalten, als plötzlich die ersten Schüsse aus Graf Groebens Batterien bei Selency erkrachten, die lange ersehnte Munition war angekommen. Die ausgeschwärmten Schützenlinien des Feindes stockten sofort; als aber die ersten Granaten seine dichten Kolonnen erreichten und auseinander sprengten, da floh Alles, was noch verschont war, in aufgelöster Ordnung nach Cambrai. Mit freudigem Hurrah begrüßten die Batterien ihren Erfolg. Nach wenigen Minuten stand das Dorf Fayet in Flammen, der Sieg war erstritten, doch noch war den Truppen keine Ruhe beschieden. Nur durch thatkräftige Verfolgung des Feindes glaubte General v. Goeben die Frucht des Sieges pflücken zu können, und dies mußte vornehmlich die Aufgabe der Kavallerie sein.

Nachts um 2 Uhr erhielt das Regiment in seinen Kantonnements, den gewonnenen Dörfern Holnon und Selency, den Armeebefehl für den 20. Januar. Fünf Meilen sollte an diesem Tage jede Truppe marschiren. Der Feind, welcher auf Cambrai—Le Cateau und anscheinend auch auf Guise zurückging, sollte eingeholt werden, bevor er die ihn schützende Festungslinie erreichte. Von den Truppen des linken Flügels, welche schon während der Schlacht sämmtlich dem Generallieutenant v. Kummer unterstellt gewesen waren, eilte die Brigade Graf Dohna um 6 Uhr Morgens über Maissemy und

Le Chatelet gegen Cambrai, um 8 Uhr folgte die Avantgarde unter Oberstlieutenant v. Pestel. In dichtem Nebel ging es vorwärts, ohne daß man auch nur zwanzig Schritt vor sich hätte sehen können. Die Wege waren mit fortgeworfenen Waffen, Tornistern und Zeltapparaten bedeckt, hin und wieder sprach auch ein im Stich gelassener Wagen mit Patronen oder Biscuits von der Eile des Rückzuges. Gleichwohl stieß man in fast jedem Dorf auf Widerstand, und so kam es, daß Graf Dohna erst Abends gegen 6 Uhr vor Cambrai anlangte. Die Batterie sandte dem Kommandanten ihren Gruß, mußte aber abziehen, als derselbe aus den Festungsgeschützen erwidert wurde; Oberstlieutenant v. Pestel traf mit seiner Avantgarde um 7½ Uhr in Rumilly, 2 km südlich der Festung, ein, um hier und in Masnières die Nacht zu bleiben. Das Einholen des Feindes hatte sich trotz der fast übermenschlichen Anstrengungen, welche die Truppen in den letzten drei Tagen ertragen hatten, als unmöglich herausgestellt.

Aus den bei dem Oberkommando eintreffenden Meldungen ging hervor, daß der Gegner einen erheblichen Theil seiner Streitkräfte von Arras, Cambrai und Le Cateau aus nach der nördlichen Festungsgruppe Lille, Douay, Valenciennes zurückbefördert hatte. Es war daher anzunehmen, daß die Nord-Armee fürs Erste nichts Ernstliches unternehmen würde. Gegen die Festungen selbst vermochte man bei dem Mangel an Belagerungsmaterial nichts auszurichten. Da überdies ein dauerndes Festhalten des nördlich der Somme gelegenen Landstriches außerhalb der Aufgabe der I. Armee lag, so beschloß General v. Goeben, seinen Truppen zunächst eine kurze Ruhe zu gönnen. So blieb denn am 21. der Regimentsstab in Rumilly, wohin auch die drei Schwadronen herangezogen wurden. Noch an demselben Tage lief die Nachricht von dem zurückgewiesenen Ausfall der Pariser Besatzung beim Mont Valérien ein, und darauf sowie auch auf die durch das Schicksal von Péronne stark gedrückte Stimmung der Bevölkerung bauend, entsandte am folgenden Tage Graf Groeben den Premierlieutenant v. Voigt als Parlamentär nach Cambrai. Der Kommandant las das Schreiben des Generals und diktirte darauf die Antwort: „La ville a des vivres, des canons et des munitions, elle se défendra jusqu'à la dernière extrémité". Premierlieutenant v. Voigt gewann zwar den bestimmten Eindruck, daß mit Ausnahme des Kommandanten Alles in der Stadt die Kapitulation wünschte, aber die Sache war hiermit erledigt. Die Truppen des Detachements Groeben, welche zu einer Demonstration gegen Cambrai ausgerückt waren, gingen, da ein ernstlicher Angriff ohne Belagerungsgeschütze keine Aussicht auf Erfolg hatte, in ihre Quartiere zurück.

Als dann in den folgenden Tagen General v. Goeben den allgemeinen Abmarsch der 1. Armee auf das südliche Ufer der Somme ins Werk setzte, blieb Cambrai gegenüber zur Verschleierung dieser Bewegung das Truppenkorps des Grafen Groeben stehen. Die zu demselben gehörige Artillerie und Infanterie war Tags zuvor als kombinirte Division unter den Befehl des Generals v. Gayl getreten. Das Regiment blieb der Division attachirt. Während dann am 26. Graf Groeben sich nach Combles begab, um von hier aus am nächsten Tage Amiens zu erreichen, übernahm Oberstlieutenant v. Pestel das Kommando über die Arrieregarde der Division Gayl und gelangte mit dieser, in südlicher Richtung marschirend, am Abend nach dem in der Mitte zwischen Cambrai und St. Quentin gelegenen Le Catelet. Von hier aus wurde am nächsten Morgen bei Glatteis in südlicher Richtung weiter marschirt, doch kehrte am 29. die Arrieregarde nach Catelet zurück, um am 30. noch weiter nördlich nach Gonnelien zu marschiren. Am 28. hatten Lieutenant v. Engelbrecht und Vizewachtmeister Müller das Eiserne Kreuz erhalten, während Major Heinichen dasselbe am 1. Februar empfing.

Am 28. Januar traf auch die Nachricht ein, daß seit der Nacht vom 26. zum 27. die Geschütze vor Paris schwiegen. Am 29. bestätigte sich die Kunde von eingetretenen Kapitulations-Verhandlungen. Mit Jules Favre, der in Versailles gewesen, war vom 31. Mittags ab ein vorläufig dreiwöchentlicher Waffenstillstand abgeschlossen; die Forts von Paris hatten kapitulirt, um deutsche Besatzung aufzunehmen, nur in der Stadt selbst war die feindliche Armee zurückgeblieben.

Jetzt war der Jubel allgemein, doch erhielten die Truppen Befehl, um eine möglichst günstige Lage herbeizuführen, bis zur Mittagsstunde noch weiter vorzugehen, infolgedessen sich ja, wie wir gesehen, das Regiment wieder bis auf 12 km an die Mauern von Cambrai heranzog.

Wie in der ganzen Welt, so wurde jetzt auch im Regiment die Frage lebhaft erörtert, mit wem und auf welche Weise der Frieden geschlossen werden sollte. Daß er zu Stande kommen müsse, daran konnte eigentlich Niemand mehr zweifeln, da man in allen Unterkunftsorten deutsche und französische Soldaten harmlos neben einander leben sah. Am 2. Februar traf die frohe Kunde ein, die vom Waffenstillstand ausgeschlossene Bourbakische Armee sei über die schweizer Grenze gedrängt und dort entwaffnet worden. So schien denn Alles aufs Günstigste zu verlaufen.

Am 3. bekam das Regiment Befehl, wieder zur Kavallerie-Division zurückzutreten. Durch den Waffenstillstandsvertrag war für die deutschen Vorposten eine Linie festgesetzt worden, die im Allgemeinen 15 bis 25 km nördlich der Somme sich entlang zog und durch die Städte Bernaville, Albert, Péronne, Roisel festgelegt war. Die Division befand sich mithin ziemlich hart an der im Norden für ihre Bewegungen gezogenen Grenze. Graf Groeben verblieb bis zum 3. Februar in Amiens, und es kamen an diesem Tage auch zum ersten Male zahlreiche Pariser mit der Bahn hier an, um nach den Kanalhäfen und von da nach England weiterzureisen.

Einige aus den letzten Januartagen stammende Nummern des „Gaulois", welche man hier vorfand, zeigten, daß die Pariser den Humor bis zuletzt nicht verloren hatten. „Vin à dix sous le litre et eau-dessus. Rosse-beef. Rat goût de mouton" und dergleichen ähnliche Speisekarten scheinen damals den Parisern den Appetit wenigstens nicht verdorben zu haben.

Das Regiment marschirte vom 3. Februar ab vier Tage lang in südöstlicher Richtung. Am 6. kam man in Grandvilliers an, nachdem Tags zuvor die 3. Schwadron, von Amiens heimkehrend, sich beim Regiment zurückgemeldet hatte. Oberstlieutenant v. Pestel, der vom Oberkommando den Befehl erhalten, in 23 Gemeinden auf den Kopf der ländlichen Bevölkerung eine Geldsteuer von 25 Francs zu erheben, stellte den Einwohnern eine Frist von 48 Stunden, und wirklich ging mit Ablauf derselben ein Gesammtbetrag von 12 950 Francs ein.

Am 18. marschirte das Regiment bei fortwährenden Regen- und Hagelschauern nach Froissy, wohin auch der Brigadestab sein Quartier verlegt hatte. Einen Tag früher, als unter gewöhnlichen Verhältnissen, empfing man daher die Allerhöchste Kabinets-Ordre, durch welche der Portepeefähnrich v. Schierstädt zum Sekondlieutenant, der charakterisirte Portepeefähnrich de la Chevallerie und der Unteroffizier Freiherr v. Fürth zu Portepeefähnrichs ernannt wurden.

Am 9. hatte der Präfekt von Beauvais die Nachricht von der

Absetzung Gambettas erhalten, heute gelangte dieselbe nach Froissy, um auch hier wie in der ganzen Gegend, die orleanistisch gesinnt war und den Frieden verlangte, große Freude zu erregen. Mit gemischten Gefühlen vernahmen die Kameraden die Kunde vom Sturze des Mannes, der fast allein es vermocht hatte, drei Monate lang Deutschlands Heeren zu trotzen, der, selbst nicht Soldat, 600 000 Soldaten auf die Beine gebracht hatte, der als Diktator den Krieg fortsetzen durfte, als das ganze Land dessen überdrüssig war.

Jetzt wurde auch Rittmeister von der Osten, Unteroffizier Nabloff der 1., dem Gefreiten Braun der 2. Eskadron das Eiserne Kreuz verliehen, am 27. Februar erhielten dasselbe die Lieutenants Thies und v. Schierstädt, Wachtmeister Niederhausen und Schranz, Sergeanten Balfang, Kiefer, Sebastiani, ferner die Unteroffiziere Lang und Hesse und endlich außer den Gefreiten Lorrig, Diener, Kitzel, Thieser der Stabstrompeter Gornemann und Vizewachtmeister Boecking.

Rittmeister Jouanne kehrte zum Regiment zurück, nachdem man ihn in Péronne anfangs als Parlamentär festgehalten hatte. Später fand man ihn der Spionage verdächtig, und nur der Vermittelung des Unterpräfekten hatte er es zu verdanken, daß man von der Ansicht, ihn nothwendigerweise erschießen zu müssen, zurückkam. Sodann wurde er nach Calais gebracht, wo er mit zehn anderen Offizieren in einem ganz kleinen Raume ausharren mußte. Während man ihm dann noch schließlich mit dem Transport nach Algier drohte, gab man ihm doch andererseits auch zu verstehen, daß man einer Flucht nichts entgegensetzen werde. Zugleich mit Rittmeister Jouanne kam auch Lieutenant Ligniez zurück, und bald stellten sich nun auch Premierlieutenant v. Müller II., Avantageur Loeb und alle Anderen ein, welche beim Ueberfalle bei Mouchy-au-Bois nicht hatten entrinnen können. Nur Einer war es, der nicht zurückkehrte. Premierlieutenant Rösingh war damals durch einen Schuß in den Arm schwer verwundet worden. Aus Zorn über die Gefangenschaft jedoch achtete er dessen nicht, zudem mochte er wohl auch in den Händen der Bauern außer Stande gewesen sein, sich irgendwie verbinden zu lassen. Die Wunde verschlimmerte sich daher bedenklich, und als die erste ärztliche Hülfe eintraf, war der Arm bereits verloren. Auch die Amputation konnte ihm keine Rettung mehr bringen. Von seinem Vater erhielt das Regiment nach mehreren Wochen die Nachricht, daß er am Tage des ersten Waffenstillstands-Vertrages, am 31. Januar, zu Lille seiner Verwundung erlegen war.

Am 18. Februar traf die Nachricht ein, Belfort habe kapitulirt, und gleichzeitig erfuhr man, der Waffenstillstand sei bis zum 24. Februar verlängert worden; am 25. wurden durch einen Befehl sämmtliche Truppenbewegungen eingestellt. Vielfach hatte man schon von dem Einzug der deutschen Truppen in Paris gesprochen. Da das Gerücht sich leider in dem erhofften Umfange nicht bestätigte, so reisten jetzt die beurlaubten Offiziere in Schaaren nach der französischen Hauptstadt. Oberstlieutenant v. Pestel, der mit den meisten seiner Offiziere nach Versailles gefahren war, erfuhr hier am 26. die Unterzeichnung der Friedenspräliminarien, die noch durch die Nationalversammlung in Bordeaux bestätigt werden sollten. Jetzt war der Jubel allgemein, der Friede war da, und zurück ging es in die Heimath.

Auch die Franzosen freuten sich des Friedens, wenngleich ihnen die gemachten Zugeständnisse zu bedeutend erschienen; über den Einmarsch von 30 000 Deutschen in Paris wußte man sich hier im Norden zu trösten.

Jetzt, da der Kampf beendet, wollten Seine Majestät persönlich den Truppen der I. Armee, die während des ganzen Feldzuges ihren Allergnädigsten Kriegsherrn nicht gesehen hatten, seinen Königlichen Dank aussprechen. Für den 12. März war große Parade bei Amiens befohlen. Die Truppentheile hatten alsbald ihren Zugführerzettel einzureichen, und derjenige des Regiments lautete folgendermaßen:

Namentliche Nachweisung
der Offiziere des Rheinischen Ulanen-Regiments Nr. 7
am 12. März 1871:

Kommandeur: Oberstlieutenant v. Pestel.
Etatsmäßiger Stabsoffizier: Major Heinichen.
Adjutant: Sek. Lieut. v. Engelbrecht.

1. Eskadron:

Esk. Chef: Rittmeister Jouanne.
Führer des 1. Zuges: Sek. Lieut. Thies.
    „   „ 2. „   „   „ v. Schierstädt.
    „   „ 3. „   „   „ Frhr. v. Sinner.
    „   „ 4. „   Prem. Lieut. v. Müller II.

2. Eskadron:

Esk. Chef: Rittmeister v. Luck.
Führer des 1. Zuges: Sek. Lieut. v. Haeseler.
„   „ 2.   „   ein Unteroffizier.
„   „ 3.   „   Sek. Lieut. Boeding.
„   „ 4.   „   „   „   Schultz.

3. Eskadron:

Esk. Chef: Rittmeister Frhr. v. le Fort.
Führer des 1. Zuges: Sek. Lieut. Bauer.
„   „ 2.   „   „   „   Zillikens.
„   „ 3.   „   „   „   Crause.
„   „ 4.   „   „   „   Karcher.

4. Eskadron:

Esk. Chef: Rittmeister von der Osten.
Führer des 1. Zuges: Prem. Lieut. v. Müller I.
„   „ 2.   „   Sek. Lieut. Heydenreich.
„   „ 3.   „   „   „   Clemens.
„   „ 4.   „   „   „   Loeper.
Das Regiment schließt Sek. Lieut. Lignitz.

Noch rechtzeitig indeß, um die vorstehende Liste verändern zu können, traf am 11. die Allerhöchste Kabinets=Ordre ein, durch welche Sekondlieutenant Bauer zum Premierlieutenant, Portepeefähnrich de la Chevallerie und Vizewachtmeister Müller zu Sekond=lieutenants befördert worden waren.

Leider wurde die freudige Stimmung der Truppen durch die Nachricht getrübt, Seine Majestät seien unwohl, und es müsse deshalb die Parade um 24 Stunden verschoben werden. Bis zum 13. hatte sich das Allerhöchste Befinden zwar soweit gebessert, daß das Große Hauptquartier nach Amiens verlegt werden konnte, mit der Abnahme der Parade selbst aber mußten Seine Majestät den Kronprinzen beauftragen.

Gegen 11½ Uhr stand das Regiment, die Züge zu 11 Rotten, auf dem befohlenen Platze bei der Ferme=les=Alençons in Kolonne in Eskadrons links neben dem 8. Kürassier=Regiment. Eine Stunde später traf Seine Kaiserlich=Königliche Hoheit der Kronprinz ein. Von den Truppen mit begeistertem Hurrah empfangen, ritt derselbe die Front der zehn im ersten Treffen stehenden Infanterie=Regimenter ab. Das zweite Treffen war neben der Artillerie aus acht Kavallerie=Regimentern gebildet: den Garde=Husaren, 2. Garde=Ulanen, 7. und

9. Husaren, 8. Kürassieren und den Ulanen-Regimentern 7, 5 und 14. Das Abreiten des zweiten Treffens fand vom linken Flügel aus statt. Leider wurde jetzt der Regen, der schon etwas früher angefangen hatte, immer heftiger, um schließlich mit einem starken Hagelschauer zu endigen. Dann aber brach schließlich die Sonne durch die Wolken, und beim schönsten Wetter fand der Vorbeimarsch der Truppen statt. Unter den Klängen der Kürassiermusik kam das Regiment in schöner Richtung vorbei.

Nach der Parade sprach der Kronprinz den Kommandeuren im Namen Seiner Majestät seinen Dank aus und zollte in den wärmsten Worten seine Anerkennung für die Haltung der Truppen. Oberstlieutenant v. Pestel wurde zur Mittagstafel nach Amiens befohlen. Am Tage nach der Parade erhielten Rittmeister Jouanne, die Lieutenants Loeper, v. Haeseler, Freiherr v. Sinner und Boecking, sowie die Sergeanten Reichelt und Schulze und der Gefreite Kohlgrüber das Eiserne Kreuz.

Zur Feier des Allerhöchsten Geburtstages Seiner Majestät versammelte am 22. März Oberstlieutenant v. Pestel sein Regiment. Die Rede, welche er hielt, schloß mit einem Hurrah auf den König, in welches Offiziere wie Mannschaften drei Mal donnernd einstimmten. Nachdem alsdann die Ulanen in ihren Unterkunftsorten festlich bewirthet worden waren, vereinigte sich das Offizierkorps in Corbie mit dem 8. Kürassier-Regiment zu einem gemeinschaftlichen Festmahle, das ebenso wie der ganze Tag in begeisterter Stimmung verlief.

Wie zur Feier des Allerhöchsten Geburtstages, so waren auch sonst die Kameraden in dieser Zeit vielfach in Corbie vereinigt. Der Besitzer des Hôtel de France, ein freundlicher Mann, hatte dort einen großen Saal zur Verfügung gestellt. Es war dies ein Neubau, seine Wände, noch ohne Tapeten, weiß getüncht. Bald bedeckten sich diese mit den verschiedensten Bleistiftzeichnungen. Da waren Rebus und Räthsel aller Art. Hatte man eine Bestellung, so wurde sie an die Wand geschrieben. Auch der Lehrsatz des Pythagoras war dort zu finden. In einer lustigen Nacht war die Rede auf diesen gekommen. Die Figur wurde aufgezeichnet, doch wollte der Beweis Niemandem mehr gelingen.

Im Uebrigen verliefen die Tage, ohne daß irgend etwas von Bedeutung sich ereignet hätte, doch fanden jetzt gerade die Kameraden

Gelegenheit, da die Schwadronen oft Wochen lang in denselben Quartieren blieben, eigenthümliche Beobachtungen über den französischen Nationalcharakter zu machen. In vielen Fällen ergab sich ein Verkehr mit dem Quartierwirth und seiner Familie von selbst. Hier, wie auch bei anderen Gelegenheiten hörte man die merkwürdigsten Behauptungen, die aber stets mit einer geradezu verblüffenden Sicherheit aufgestellt wurden. Hatte schon früher Premierlieutenant v. Voigt dem Kommandanten von Cambrai auf dessen Abschiedsworte: „Dites à votre général que les Français savent se défendre et que seulement les sauvages brûlent les maisons et les enfants" nur mit einem Hinweis auf die Tage von Saarbrücken antworten können, so mußte jetzt ein Anderer ein Lied anhören, gedichtet, komponirt und vorgetragen von der Schwester seines Wirthes, das in der ernsthaften Behauptung gipfelte, die Deutschen seien nur nach Frankreich gekommen, um seine Weine zu trinken, trotzdem möchten sie weiter ziehen, ehe sie alle die vorhandenen Fässer und Flaschen geleert hätten. Bezeichnend waren auch die Ansichten über Ursachen und Anlaß des Krieges. Wie immer, so trat auch hier deutlich zu Tage, daß die überwiegende Mehrheit der sogenannten gebildeten Stände immer nur nachsprach, was in den Zeitungen zu lesen war, um dies dann als Ergebnisse eigenen Nachdenkens auszugeben. Ein Bauer aus der Picardie hatte wohl das Richtige getroffen, wenn er nach der Schlacht bei Amiens sagte, ganz Frankreich sei friedlich gesinnt, nur in Paris wolle man den Krieg, das Land aber müsse thun, was in der Hauptstadt befohlen würde.

Aus Paris hörte man denn auch jetzt die merkwürdigsten Dinge, Convent und Schreckensherrschaft schienen zurückgekehrt, ohne daß indessen die deutsche Heeresleitung sich dadurch zu irgend welchen besonderen Maßregeln hätte bestimmen lassen.

Infolge einer Allerhöchsten Kabinets-Ordre vom 5. März, nach welcher vom 1. April ab Ueberschreitungen des Etats an Offizieren zu vermeiden waren, mußten jetzt sieben Reserveoffiziere, die Lieutenants Schultz, Zillikens, Boecking, Clemens, Guepratte, Müller und Karcher vom Kriegsschauplatz scheiden, um in das Beurlaubten-Verhältniß zurückzukehren. Von Ostern ab ritten Morgens die Mannschaften in Abtheilungen, und ganz den Friedensverhältnissen entsprechend folgte darauf Nachmittags Fußdienst und theoretischer Unterricht. Die Kabinets-Ordre vom 29. März brachte dem Vizewachtmeister Boecking II. die ersehnte Beförderung zum Offizier, dem Unteroffizier Falkenburg die zum Portepeefähnrich, im April erhielt Lieutenant Bauer das Eiserne Kreuz, im Mai wurde Unteroffizier Loeb zum Fähnrich befördert.

Seit dem 24. April befand sich das Regiment auf dem linken Somme-Ufer, und hier traf durch Vermittlung des Generalkommandos ein Befehl ein, welchen der Chef des Generalstabes der Armee erlassen hatte und wonach die Regimenter in ihrem Bezirk Erkundungen behufs Berichtigung und Vervollständigung der französischen Generalstabskarte im Verhältniß von 1 : 80 000 vornehmen zu lassen hatten. Lieutenant Bauer wurde hierzu kommandirt und ihm in bestimmten Grenzen ein Gelände-Abschnitt um Albert angewiesen, dessen Aufnahme bis zum 1. Juni eingereicht werden sollte. Am 24. Mai war die Arbeit beendet.

Am nämlichen Tage traf die Allerhöchste Kabinets-Ordre ein, durch welche der Verband der 3. Kavallerie-Division aufgelöst wurde. General v. Goeben dankte durch Parolebefehl der Division für ihre Leistungen, worauf dieselbe in den Verband des 8. Armeekorps zurücktrat und dort am 2. Juni den Befehl erhielt, in der Richtung auf Diedenhofen abzumarschiren. Am 6. Juni wurde darauf auch die I. Armee als solche aufgelöst, am 10. trat das Regiment, indem der Marsch ununterbrochen fortging, zur 32. Infanterie-Brigade. Immer näher kam das Regiment seiner alten Heimath, doch noch in Feindesland erlebte es die große Freude, seine Thätigkeit während des Feldzuges durch seinen erhabenen Chef anerkannt zu sehen. Seine Königliche Hoheit der Großherzog von Baden hatte die Gnade, am 25. Mai die nachbenannten Offiziere durch Verleihung eines Ordens auszuzeichnen, und zwar erhielten Oberstlieutenant v. Pestel, Major Heinichen, die Rittmeister Freiherr v. le Fort und v. Luck das Ritterkreuz des Militärischen Karl-Friedrich-Verdienst-Ordens. Das Ritterkreuz I. Klasse mit Schwertern des Ordens vom Zähringer Löwen wurde den Premierlieutenants v. Müller I., v. Voigt, v. Müller II. und Kühls, die II. Klasse desselben Ordens den Sekondlieutenants v. Engelbrecht und v. Pfannenberg verliehen. Durch Allerhöchste Kabinets-Ordre vom 14. Juni wurde die Genehmigung zur Anlegung der Orden ertheilt, zwei Tage später Major Heinichen von Seiner Majestät in den Adelstand erhoben.

Mit Genugthuung und Stolz erfüllt über diese doppelte hohe Anerkennung, erreichte das Regiment am 27. Juni die neue Grenze des Deutschen Reiches, drei Tage später wurde auch die preußische

Grenze überschritten, die 1. Schwadron rückte zusammen mit dem 70. Regiment in Saarlouis ein. Die 3., 4. und 5. (2. Feld=) Eskadron sammelten sich am Morgen des 2. Juli bei Völklingen, um von da aus geschlossen in Saarbrücken einzumarschiren. In Burbach wurde das Regiment empfangen und nach festlicher Speisung der Offiziere und Mannschaften auf der dortigen Hütte hielt es um 11 Uhr seinen Einzug in Saarbrücken.

Achter Abschnitt.
Saaraufwärts.

Am nämlichen Tage, da das Regiment seinen Einzug in der alten Heimath hielt, fuhr ein aus 13 Waggons bestehender Extrazug durch den Bahnhof St. Johann. Er führte die erste Rate der Kriegskontribution nach Deutschland.

Am 9. Juli fand in dem mit Fahnen, Blumen, Büsten und Waffen prächtig geschmückten Saale des Civilkasinos das Festmahl statt, welches die Städte Saarbrücken und St. Johann zu Ehren des Offizierkorps veranstaltet hatten. Außer diesem waren zahlreiche Reserve- und Landwehr-Offiziere der Umgegend, welche den Feldzug mitgemacht hatten, Sanitätsoffiziere, sowie auch die Fähnriche und Einjährig-Freiwilligen des Regiments eingeladen. Die Gäste wurden von beiden Gemeindevertretungen begrüßt, und das Mahl begann, während die Regimentskapelle die Tafelmusik ausführte. Die Reihe der Toaste eröffnete der Königliche Oberprokurator v. Ammon mit einem Hoch auf Seine Majestät, in welches die Versammlung drei Mal begeistert einstimmte. Sodann erhob sich Oberstlieutenant v. Pestel und sprach über die Aufgabe, welche ihm und seinem Regiment während des 14 Tage langen Vorspiels zu dem großen Kampfe in Saarbrücken geworden sei; vereint mit dem tapferen 2. Bataillon 40. Regiments habe man den Feind, der massenhaft an der Grenze sich gesammelt, beobachten und beschäftigen müssen, bis der Aufmarsch der deutschen Armee bewerkstelligt worden sei, und diese Aufgabe sei vollkommen gelöst worden. Mit besonderer Anerkennung gedachte er sodann der freudigen Opferwilligkeit, mit welcher die beiden Städte und deren Behörden während des Krieges den Truppen entgegengekommen seien und die sich beim Einzuge der Garnison und bei dem heutigen schönen Feste aufs Neue in hellem Lichte gezeigt. Er schloß mit einem Hoch auf Saarbrücken und St. Johann. Auch im weiteren Verlaufe des Festes wurde noch manch ernstes und manch heiteres Wort gesprochen.

So war denn das Regiment ganz in die alten Friedensverhältnisse zurückgekehrt, und auf höheren Befehl begann man alsbald die Erfahrungen zusammenzustellen, die man während des Feldzuges gemacht hatte. Vorzüglich hatte sich zunächst die Formation der 5. Schwadron bewährt, um namentlich durch die Einstellung gerittener Pferde zur Kompletirung der vier mobilen Eskadrons zu dienen. Die Ankaufspferde waren sehr schlecht, und die Schwadronen hatten mit vielem Erfolge vorgezogen, selbst die ältesten Pferde zu behalten, um dafür die jüngeren gelieferten der Ersatz-Eskadron zu überweisen. Alle Pferde hatten auf diese Weise während der ganzen Dauer des Feldzuges sich gut bewährt.

Hinsichtlich der Bewaffnung hatte man allen Grund, mit der Lanze besonders zufrieden zu sein. Im Handgemenge hatte sie ausgezeichnete Dienste geleistet, vor Allem aber war der moralische Eindruck ein überwältigender gewesen. Der Ulan war in Frankreich sprichwörtlich geworden. In Amiens schon hatten die Kameraden, wie an betreffender Stelle erwähnt, merkwürdige Ansichten über ihre Waffe hören müssen. Jetzt nach dem Feldzuge erschien fast gleichzeitig in den größten Pariser Blättern folgende Charakteristik der preußischen Ulanen:

„Es giebt keine Ulanen-Regimenter! Die preußische Kavallerie besitzt Kürassier-, Dragoner-, Husaren-Regimenter, aber kein einziges Ulanen-Regiment. In den bisherigen Gefechten haben wir keine Attacken von Ulanen gesehen. So lange Preußen im Frieden lebt, sieht man keine Ulanen im Lande, ist aber der Krieg erklärt, so strömen alsbald aus allen Himmelsgegenden pensionirte Kavallerie-Offiziere herbei, d. h. solche, die kein anderes Vermögen, als ihre mäßige Pension besitzen. Sie melden sich zum Kommando von Reiterkorps, die sie auf eigene Kosten anwerben, ausrüsten und unterhalten. Der Ulan nimmt keinen Antheil an der Schlacht, gehorcht keinem General, fügt sich auch nicht in die Disziplin des Lagerlebens. Auf den Flügeln des preußischen Heeres, davor, dahinter, 10, 20, 30 km über die Vorposten hinaus sieht man Wolken von Reitern das Terrain absuchen. — Ulanen! Nichts als Ulanen! — Man ertheilt den Führern vorher ein Patent, mit diesem versehen, sammeln jene alten Landsknechte sich ihre Schaaren unter den abgedankten Soldaten. Alle sind ohne Lebensberuf und Unterhalt und haben ihre Sache auf nichts gestellt. — Sofort nach Ueberschreitung der Grenze beginnt die Jagd! Sie führen Krieg auf eigene Kosten und behalten von Rechts wegen, was Fortuna ihnen sendet. Die Ulanen sind mit einem Worte Korsaren zu Lande! Ihr Patent ist ein Kaperbrief. Sie arbeiten für sich, nur für Gewinn kämpfen sie. Die civilisirten Völker haben mit Recht das Kaperwesen als organisirten Seeraub betrachtet und unterdrückt. Die Ulanen hat man dabei vergessen, und Preußen weiß dies zu benutzen. Niemals findet man unter den Ulanen einen Menschen von guter Erziehung oder einen Offizier, welcher irgend welche Zukunft hat, niemals Großherzigkeit oder einen Schatten von Patriotismus! Sie rauben bei uns, sie werden in ihrer Heimath rauben: Raub ist die Bedingung ihrer Existenz. Deshalb eben löst man sie jedesmal gleich nach Beendigung des Krieges auf. Gelegentlich mag es unter ihnen einen Tapferen geben, im Allgemeinen haben sie nichts als Räuberkühnheit!!"

Daß die Lanze wirklich die Königin der Waffen, beweist wohl nichts so schlagend, wie dieser Artikel, der überall in Frankreich gelesen und — geglaubt wurde. Ein Abdruck desselben befindet sich unter Glas und Rahmen im Lesezimmer unseres Kasinos. —

Kurz vor dem Feldzuge hatten Seine Majestät mittelst Allerhöchster Kabinets-Ordre vom 24. März 1870 bestimmt, es sollten fortan die langen Hosen und kurzen Stiefel fortfallen und an ihre Stelle kurze Hosen von dunkelblau melirtem Tuch ohne Biese mit Lederbesatz und lange bis zur Kniescheibe reichende Stiefel treten. Leider war es jedoch bis zum Beginn des Feldzuges nicht gelungen, dieselben fertig zu stellen, was besonders in den Biwaks vor Metz allseitig aufs Tiefste bedauert wurde. — Die Ulanka sowie auch die durch Kabinets-Ordre vom 25. April 1867 eingeführte Czapka mit gelben Schuppenketten und weißem Adler hatten sich gut bewährt.

Was man indeß sehr vermißt hatte, das war besonders, wenn wie in der letzten Periode das Regiment selbstständig auftreten sollte, zur Besetzung von Engwegen und Sicherung von Unterkunftsorten, im Kampf mit Franctireurs, eine brauchbare Handfeuerwaffe. Das Pistol hatte sich als völlig unzulänglich herausgestellt, und so erhielt denn durch Kabinets-Ordre vom 6. März 1873 jede Eskadron 32 Chassepot-Karabiner, während gleichzeitig alle Gemeinen mit

Säbel ohne Korbgefäß ausgerüstet wurden. Im Jahre 1876 wurde sodann eine gleichmäßige Bewaffnung aller Mannschaften mit unserem heutigen Kavalleriekarabiner M/71 durchgeführt. Unteroffiziere und Trompeter behielten das Pistol, um auch dieses schließlich gegen den Armee-Revolver einzutauschen.

Nach den vielen Auszeichnungen, welche das Regiment im Laufe des Feldzuges erhalten, sollte ihm auch noch während der ersten Friedensjahre manch ehrende Anerkennung zu Theil werden. Seine Königliche Hoheit der Großherzog antwortete auf das Glückwunschschreiben des inzwischen am 18. August 1871 zum Obersten beförderten Regimentskommandeurs v. Pestel zum Jahreswechsel:

> Mit herzlichem Danke für den freundlichen Ausdruck Ihrer Neujahrswünsche sende ich Ihnen, dem Offizierkorps und dem ganzen tapferen Regiment meine aufrichtigen Glückwünsche für das neue Jahr.
>
> (gez.) *Friedrich*,
> Großherzog von Baden.

Gleichzeitig verlieh Höchstderselbe dem Obersten v. Pestel das Kommandeur-Kreuz II. Klasse mit Schwertern des Ordens vom Zähringer Löwen, Major v. Heinichen das Ritterkreuz I. Klasse mit Schwertern und Eichenlaub, den Rittmeistern Jouanne und v. Wilcke das Ritterkreuz I. Klasse mit Schwertern und Oberstabsarzt Steinbicher das Ritterkreuz des Ordens vom Zähringer Löwen. Die Wachtmeister Niederhausen und Schranz, sowie Stabstrompeter Goernemann erhielten die silberne Verdienst-Medaille am Bande der Karl-Friedrich-Verdienst-Medaille.

Vom Kriegsministerium wurde dem Unteroffizier Pieroth eine patriotische Gabe von 100 Francs bewilligt. Da ferner Seiner Majestät ein Revolver mit der Bitte überreicht worden war, ihn demjenigen Seiner Armee zu verleihen, der zuerst auf einen Franzosen geschossen hätte, so wurde dieser, nachdem seitens des Kriegsministeriums die genauesten Ermittelungen angestellt waren, dem Wachtmeister Schranz zuerkannt.

Am 19. Januar 1872 sandten Seine Majestät nachstehendes Telegramm an den kommandirenden General v. Goeben:

> Zum Jahrestage Ihres glänzenden Sieges bei St. Quentin spreche Ich Ihrer damaligen Armee von Neuem Meine Aner-

kennung und Meinen Dank aus für die Hingebung, Tapferkeit und
Ausdauer, durch welche sie stets, insbesondere an den blutigen
Tagen von Bapaume und St. Quentin sich hervorthat.

(gez.) Wilhelm.

Noch ehe das Regiment in seine Garnisonen zurückgekehrt war,
hatten Seine Majestät am 16. Juni 1871 der Standarte das in
der Spitze zu führende Eiserne Kreuz verliehen. Am 26. Mai 1872
fand die Einweihung statt. Die Feier begann mit einem Gottesdienst, worauf das Regiment, von Major v. Puck kommandirt, vor
Kaserne I Parade-Aufstellung nahm. Oberst v. Pestel hielt darauf
eine Ansprache, während welcher die Standarte, begleitet von den
Lieutenants v. Sinner und Heydenreich, Front nach den Eskadrons, neben dem Kommandeur stand. Nach dem Hurrah auf Seine
Majestät folgte der Vorbeimarsch des Regiments. Kurz vor der
Feierlichkeit hatten Lieutenant de la Chevallerie und Sergeant
Junke das Eiserne Kreuz erhalten.

Zwei besondere Auszeichnungen hatten indeß Seine Majestät
noch dem Regimentskommandeur zugedacht. Nachdem derselbe für
die Tage von Saarbrücken das Eiserne Kreuz II., für L'Etoile und
Longpré das Eiserne Kreuz I. Klasse erhalten, verlieh ihm der
König am zweiten Jahrestage der Schlacht von St. Quentin, am
19. Januar 1873, den Orden pour le mérite. Endlich hatte der
Besitzer einer Gewehrfabrik Seine Majestät gebeten, ein prachtvoll
ausgeführtes Gewehr dem Tapfersten Seiner Armee zu verleihen.
Dasselbe erhielt Oberst v. Pestel.

Am 1. November 1872 war die 1. Eskadron von Saarlouis
nach Simmern verlegt worden. Hier wurde dieselbe auch vorläufig
belassen, als eine Kabinets-Ordre vom 12. August 1873 vom 1. Oktober ab die Vereinigung des ganzen Regiments in Saarbrücken
befahl. Dieselbe wurde aber erst nach dem Manöver des Jahres
1876 vollendete Thatsache.

Am 19. Mai 1874 schied Oberst v. Pestel vom Regiment.
Er war auf seinen Antrag mit Pension zur Disposition gestellt
worden. Die Führung übernahm zunächst der etatsmäßige Stabsoffizier, Major Zimmermann, acht Tage später ernannten Seine
Majestät den Major Freiherrn Roth v. Schreckenstein vom
2. Leib-Husaren-Regiment Nr. 2 zum Kommandeur.

Oberstlieutenant v. Schreckenstein sollte indeß nicht lange an der Spitze des Regiments stehen. Vor mehreren Jahren war er in seiner früheren Garnison Bonn zwei durchgehenden Pferden vor einem Wagen, in welchem mehrere Damen saßen, in die Zügel gefallen. Er wurde mitgeschleift, kam unter die Räder und erhielt am Bein eine gefährliche Wunde, welche niemals vollständig heilen wollte. Die andauernden heftigen Schmerzen und häufiger Morphiumgenuß hatten endlich ein Geschwür im Gehirn zur Folge. Im Sommer 1875 klagte er mehrfach über heftige Kopfschmerzen, er nahm Urlaub, um im Bade Heilung zu suchen, kehrte aber bald nach Saarbrücken zurück. Vor dem Ausmarsch zum Manöver sahen ihn die Kameraden zum letzten Mal; in der Eifel erhielten sie die Todesnachricht. Allgemein war die Trauer um diesen außerordentlich liebenswürdigen und wohlwollenden Vorgesetzten, der stets in jeder nur möglichen Weise für das Regiment gesorgt hatte. Das Offizierkorps sah seinen Kommandeur, wie er im Parade-Anzuge im Sarge lag, um ihn alsdann zur letzten Ruhe zu geleiten zum Ehrenthal, wo die gefallenen Helden von Saarbrücken und Spicheren bestattet waren.

Die Kabinets-Ordre vom 17. August 1875 gab dem Regiment einen neuen Kommandeur in der Person des Oberstlieutenants Rudorff, welcher bis dahin etatsmäßiger Stabsoffizier im Thüringischen Ulanen-Regiment Nr. 6 gewesen war. Derselbe schied indessen schon am 12. April 1877 vom Regiment, nachdem er noch nicht zwei Jahre das Kommando geführt; er wurde mit Pension und dem Charakter als Oberst zur Disposition gestellt.

Nunmehr erhielt das Regiment einen Kommandeur, welcher berufen war, fast acht Jahre an seiner Spitze zu stehen. Zuerst unter Stellung à la suite des Regiments mit dessen Führung beauftragt, wurde Oberstlieutenant Werdmeister vom Großen Generalstabe am 21. Juni zum Kommandeur ernannt. Noch im selben Jahre sollte er sein Regiment dem Allergnädigsten Kriegsherrn vorführen. Seine Königliche Hoheit der Großherzog hatte schon von St. Moritz aus auf ein Schreiben des Kommandeurs hin telegraphisch gedankt und erklärt, er werde im Herbst sein Offizierkorps persönlich begrüßen. Am 10. September stand das 8. Armeekorps zwischen Lommersum und Wichterich in Parade, Kavallerie und Artillerie im zweiten Treffen. Daran schloß sich am 11. September ein Manöver gegen markirten Feind. Am 13., 14. und 15. manövrirten die 15. und 16. Division gegen einander bei Euskirchen. Am Schluß der Uebungen ver-

liehen Seine Majestät dem Regimentskommandeur den Königlichen
Kronen-Orden III. Klasse, dem Major v. Luck den Rothen Adler-
Orden IV. Klasse. Ein reiches Maß von Auszeichnungen hatte auch
Seine Königliche Hoheit der Großherzog Seinem Offizierkorps zu-
gedacht. So erhielten der Oberstlieutenant Werckmeister das Kom-
mandeur-Kreuz II. Klasse mit Schwertern des Ordens vom Zähringer
Löwen, Major Jouanne das Ritterkreuz I. Klasse mit Schwertern
und Eichenlaub, Major v. Luck dasselbe mit Schwertern. Die
Rittmeister Lange, v. Huth, v. Kappe erhielten das Ritterkreuz
I. Klasse, die Premierlieutenants v. Gersdorff, Thies, Loeper,
Graf v. Kalckreuth die II. Klasse desselben Ordens.

Bald darauf durfte Oberstlieutenant Werckmeister zum ersten
Male den hohen Chef des Regiments in der Garnison empfangen.
Seine Königliche Hoheit langte am Morgen des 18. Dezember in
Saarbrücken an und nahm auf dem Schloßplatz die Parade des Re-
giments ab. Wachtmeister Etzbach, welcher schon damals fast fünfzig
Jahre hindurch demselben angehört hatte, trug die Standarte. Nach
eingehender Besichtigung der Reitabtheilungen nahm Seine Königliche
Hoheit an dem Mittagstisch Seines Offizierkorps im Rheinischen Hof
Theil, worauf Höchstderselbe am Abend nochmals die Offiziere in
Seinem Absteigequartier um sich vereinigte.

Am 1. April 1878 mußte das Regiment, das erst seit anderthalb Jahren in Saarbrücken vereinigt war, seine Garnison für
immer verlassen. Es sollte weiter saaraufwärts ziehen, um westlich
der Vogesen an der Grenze des französischen Sprachgebiets zu Saarburg in Lothringen Wacht zu halten. Am 27. März wurden die
Schwadronen von der Stadt festlich bewirthet, Tags darauf fand
im neuen Civilkasino das Abschiedsmahl statt, das die Städte Saarbrücken und St. Johann zu Ehren des Offizierkorps veranstaltet
hatten. Um dem Regiment noch einmal Lebewohl zu sagen, war
auch der Brigadekommandeur, Seine Großherzogliche Hoheit Prinz
Heinrich von Hessen und bei Rhein, nach Saarbrücken gekommen.
Beim Mahle sprach derselbe sein Bedauern aus, das Regiment aus
seiner Brigade scheiden zu sehen, am Morgen des 30. geleitete er
es persönlich aus der Stadt.

Nach dreitägigem Marsch langte man zu Saarburg an, nachdem das Offizierkorps in Saargemünd im Kreise der Kameraden
vom 5. Chevauxlegers-Regiment schöne Stunden verlebt hatte. — Der
kommandirende General des 15. Armeekorps, General der Infanterie

v. Fransecky, begrüßte das Regiment durch nachstehenden Korpsbefehl:

„Das Königliche Regiment heiße ich bei dessen nunmehrigem Eintritt in den Verband des 15. Armeekorps herzlich willkommen.

„Das Regiment ist aus einem Korps geschieden, in welchem es sich in langer Friedenszeit durch seine tüchtige Ausbildung, seine gute Disziplin und seinen echt militärischen Geist einen schönen Namen machte, während es in den Kriegen, welchen es in dieser länger als sechzigjährigen Zeit wiederholt beiwohnte, den Ruf der Tapferkeit aufrecht erhielt, den die Stammtruppe, aus welcher es hervorging, sich schon in den Freiheitskriegen erworben hatte.

„Das Regiment flößt daher dem 15. Armeekorps von vornherein große Achtung und vollstes Vertrauen ein und wird, dessen bin ich gewiß, auch hier sich seines Namens immer würdig zeigen.

„Es findet in seiner neuen Garnison noch manche schwierigen Verhältnisse vor, sowohl lokale als soziale. Erstere, in den noch nicht durchweg fertig gewordenen Neubauten bestehend, werden nicht lange mehr auf befriedigende Beseitigung zu warten haben; letztere, die sozialen Verhältnisse, in dem noch immer wenig entgegenkommenden Verhalten der Bevölkerung bestehend, werden sich in dem Maße zu ihrem Vortheil ändern, als das Regiment beflissen sein und es verstehen wird, die in diesem Reichslande jedem Truppentheil zufallende Aufgabe zu lösen, nämlich die, auf die Bevölkerung durch freundliches Entgegentreten und Schonung ihrer Gefühle versöhnend und gewinnend zu wirken.

„Die Lösung dieser Aufgabe wird mit der Zeit gewiß gelingen, wenn das Regiment dem Beispiel seiner Vorgänger in dortiger Garnison folgt, indem es gleich jenen dieser Bevölkerung auch seinerseits das Bild einer überall maß- und würdevoll auftretenden Truppe zeigt, die von dem Geiste der Pflicht, der Ehre und der Treue erfüllt und getragen wird!" —

Zu der That verstand es Oberstlieutenant Werckmeister, indem er auch im neuen Korpsverbande dienstlich das Regiment stets auf der Höhe der von den Vorgesetzten gestellten Anforderungen erhielt, im Verkehr alle Reibungen mit der Bevölkerung zu vermeiden, so daß sich allmählich aus dem anfangs kühlen ein nahezu freundliches Verhältniß herausbildete. Durch Allerhöchste Kabinets-Ordre vom 14. April 1883 wurde Oberst Werckmeister in den Adelstand erhoben, am 29. Juli verliehen ihm Seine Majestät den Namen „Werckmeister gen. von Oesterling".

Am 4. Dezember 1884 schied derselbe vom Regiment, um das Kommando der 1. Kavallerie-Brigade in Königsberg zu übernehmen. Eine Kabinets-Ordre vom nämlichen Tage bestimmte zu seinem Nachfolger den Major im Generalstabe der Armee, kommandirt zur Dienstleistung beim 1. Hannoverschen Dragoner-Regiment Nr. 9, v. Langenbeck.

In Uebereinstimmung mit dem Brigadekommandeur Grafen v. Haeseler stellte dieser die Anforderung, es müsse jeder Ulan zu Pferde stets auf dem kürzesten Wege nach jedem befohlenen Punkte gelangen, und legte in diesem Sinne während des ganzen Jahres einen besonderen Werth auf die Ausbildung der Einzelreiterei und des Springens.

Verschiedene Male hatte in den letzten Jahren Seine Königliche Hoheit der Großherzog die Gnade gehabt, den Kommandeur und mehrere Kameraden zum Kammerball nach Karlsruhe zu befehlen.

Auch diejenigen, die sich an den Rennen des Karlsruher Reitervereins betheiligten, hatten stets die Ehre, von Seiner Königlichen Hoheit empfangen zu werden, und vertheilte Höchstderselbe sowie auch Seine Großherzogliche Hoheit Prinz Karl persönlich die Preise.

Am 23. August 1886 sollte jedoch dem Regiment eine besondere Auszeichnung zu Theil werden. Der hohe Chef hatte Seinem Regiment den ersten Besuch in der Garnison Saarburg zugedacht. Von Metz kommend, traf derselbe Nachmittags ein, um von dem Oberstlieutenant v. Langenbeck und Premierlieutenant Krahmer als Ordonnanzoffizier empfangen zu werden. Vom Bahnhof begab sich Seine Königliche Hoheit zuerst nach der Kaserne, wo ihn das Regiment in Parade-Aufstellung erwartete. Nach der Parade fand Reiten der alten Remonten statt. Hierauf nahm Höchstderselbe den Bau der inzwischen begonnenen Infanteriekaserne in Augenschein und begab sich von da in die Wohnung des Kommandeurs, wo die Damen des Regiments versammelt waren. Um 4 Uhr nahm Seine Königliche Hoheit am Mittagstisch Seines Offizierkorps Theil und begab sich hierauf nach Metz zurück. Der Tag bleibt für immer eine der schönsten Erinnerungen des Regiments.

Wenige Tage darauf verließ dasselbe seine Garnison. Es waren zum bevorstehenden Kaisermanöver des 15. Armeekorps 2 Kavallerie-

Divisionen zu 6 Regimentern, die 1. unter Generalmajor v. Gottberg, die 2. unter dem Grafen v. Haeseler formirt worden.

Vor Beginn des Manövers war für die Division ein zehntägiges Exerziren angesetzt. Dem Führer stand zu diesem Zweck der weite Platz von Niederschäffolsheim i. E. zur Verfügung, der wie gemacht schien, um in langen Bewegungen, im Vorwärtsreiten alle Fehler auszugleichen, ohne daß man jemals das Ende des Uebungsplatzes erreichte. Drei Tage wurde in einzelnen Brigaden, sieben Tage im Divisionsverbande exerzirt, worauf alsdann die Regimenter nach der Umgegend von Straßburg marschirten. Das Regiment lag fast geschlossen in Kehl; die meisten Kameraden begaben sich am Abend des 10. von hier aus nach Straßburg, wo vor dem Statthalter-Palais großer Zapfenstreich stattfand. Die Stimmung der Bevölkerung war eine begeisterte, und als zum Schluß Seine Majestät, umgeben vom Kronprinzen und dem Prinzen Wilhelm, auf der Terrasse erschienen, wollten die Hurrahrufe kein Ende nehmen.

Am 11. September war die große Parade auf dem Polygon. Am folgenden Tage, Sonntag, fand Rennen auf der Sporeninsel bei Straßburg statt, am Montag war Korpsmanöver gegen markirten Feind. Mittwoch und Donnerstag folgten Feldmanöver, bei welchen auf jeder Seite eine Infanterie- und eine Kavallerie-Division standen. Während derselben befand sich beim Stabe des Generalmajors Grafen v. Haeseler Seine Königliche Hoheit Prinz Wilhelm von Preußen. Am Schluß der Uebungen erhielt Oberstlieutenant v. Langenbeck den Rothen Adler-Orden III. Klasse mit der Schleife, Rittmeister v. Kappe die IV. Klasse desselben Ordens.

Die große Armeevermehrung des Jahres 1887 sollte auch die Verhältnisse in Saarburg umgestalten. Das Infanterie-Regiment Nr. 97, das bis dahin in Cassel und Hanau gestanden hatte, wurde hierher verlegt, und die Bataillone trafen einzeln am Morgen des 1. Juli mittelst Sonderzuges ein. Sie wurden durch das Offizierkorps des Regiments zu Pferde und eine geschlossene Eskadron am Bahnhof empfangen und durch die Stadt zur Kaserne geleitet. —

Es folgte das Jahr 1888, das Jahr der zweifachen Kaisertrauer.

Am 1. April waren es zehn Jahre, seitdem das Regiment in seine neue Garnison im Reichslande eingezogen war. Zur Erinnerung an das gute Einvernehmen, das während dieser ganzen

Offizier Patrouille im Kaiser-Manöver 1886.

Zeit zwischen den Ulanen und der Bürgerschaft geherrscht, beschloß letztere, dem Regiment die Summe von 600 Mark zu beliebiger Verwendung zur Verfügung zu stellen. Oberstlieutenant v. Langenbeck glaubte im Sinne der Geber zu handeln, indem er für die gespendete Summe ein lebensgroßes Portrait Kaiser Wilhelms I. erwarb. Dasselbe schmückt seitdem den großen Speisesaal des Kasinos.

Am 16. Mai 1888 wurde Oberstlieutenant v. Langenbeck unter Zurückversetzung in den Generalstab der Armee zum Chef des Generalstabes des 4. Armeekorps ernannt, und der bisherige Flügeladjutant Seiner Königlichen Hoheit des Großherzogs von Baden, Oberstlieutenant Freiherr v. Schönau-Wehr wurde Regimentskommandeur.

Noch in den Tagen der zweiten Kaisertrauer wurde das Regiment mit Genugthuung und Stolz erfüllt durch eine der ersten Regierungshandlungen seines Allergnädigsten Kriegsherrn: Seine Königliche Hoheit der Großherzog von Baden wurde am 25. Juni 1888 zum Generalobersten der Kavallerie mit dem Range eines General-Feldmarschalls ernannt.

Oberstlieutenant v. Schönau schied zum aufrichtigen Bedauern aller Kameraden vom Regiment, nachdem er kaum ein Jahr an dessen Spitze gestanden hatte. Wegen eines Herzleidens, das ihm kein schnelles Reiten mehr erlaubte, mußte er um seinen Abschied bitten, und es wurde ihm derselbe am 21. Juli 1889 unter Verleihung des Charakters als Oberst bewilligt. Durch Kabinets-Ordre vom nämlichen Tage, gezeichnet auf der Nordlandsfahrt zu „Digernullen an Bord Meiner Jacht Hohenzollern" beauftragte Seine Majestät den etatsmäßigen Stabsoffizier des 1. Brandenburgischen Dragoner-Regiments Nr. 2, Major Ziegler, mit der Führung des Regiments.

Die Kaisertage des vergangenen Herbstes sind noch lebendig in Aller Erinnerung. Am Abend des 14. August, wenige Tage nachdem Major Ziegler die Führung des Regiments thatsächlich übernommen hatte, traf in Saarburg der telegraphische Befehl zum Ausrücken ein. Seine Majestät hatten den Reichslanden einen Besuch zugedacht; am 20. traf Allerhöchstderselbe in Begleitung Seiner hohen Gemahlin in Straßburg ein, wie vor drei Jahren Sein Kaiserlicher Großvater von der gesammten Bevölkerung mit begeisterten Zurufen begrüßt. Nachdem an dem großen Zapfenstreich vor dem Kaiserpalast auch das Trompeterkorps des Regiments sich hatte betheiligen dürfen, führte am nächsten Morgen bei der großen Parade auf dem Polygon unser hoher Chef sein Regiment zwei Mal dem Allergnädigsten Kriegsherrn vor.

Eine fernere Auszeichnung war dem Regiment für das Ende der Herbstübungen vorbehalten. Als Seine Königliche Hoheit der Großherzog in seiner Eigenschaft als Generalinspekteur den Korps-Manövern des 15. Armeekorps beiwohnte, hatte Höchstderselbe die Gnade, bei dem Regimentsführer Major Ziegler Quartier zu nehmen und am 21. September einer Einladung seines Regiments zum Mittagsmahl im Kasino zu entsprechen. Von 3 Uhr Nachmittags bis Abends nach 6 Uhr weilte Seine Königliche Hoheit in der Mitte Seines Offizierkorps, worauf er Jedem von den Kameraden zum Abschied die Hand reichte. —

Jetzt sieht das Regiment der fünfundsiebenzigsten Wiederkehr seines Stiftungstages entgegen. Die Zeiten sind friedliche geworden. Falls aber einst Seine Majestät rufen, dann dürfen wir an der äußersten Westmark des Reiches hoffen, daß Niemand vor uns den feindlichen Boden betreten werde.

Rangliste des Offizierkorps
am 1. Januar 1890.

Chef: Gen. Oberst d. Cav. (m. d. Range eines Gen. Feldmarschalls) **Friedrich Großherzog von Baden K. H.**
Kom.: Maj. Ziegler
Maj. v. Vollard-Bockelberg   St

Rittm. v. Brebow	4	S. L. Rolle, c. z. Milit. Reit-Inst.	1
= v. Mechow	1	= Ewers	3
= Jaeger	5	= Fournier	5
= Krahmer	2	= Kusenberg	1
= Loeb	3	= Epner	Arj.
P. L. v. Winterfeld, c. d. Gen. St.	1	= Damm	2
= Dietz v. Bayer	5	= Brumm	1
= v. Wurmb	1	= Ermeler	5
= Heidborn	2	= Lutteroth	4
= Holtz	4	= Koegel	3
S. L. v. Salviati	3	= Ziegler	2
= Frhr. v. Norbeck	4		

à la suite:

P. L. Haniel.

R. Arzt: Ob. St. Arzt 2. Kl. Dr. Herzer
Assist. Arzt 2. Kl. Goettgens
Zahlmstr.: Mohrhenn
Ob. Roß-Arzt: Pée.

Gedruckt in der Königlichen Hofbuchdruckerei von E. S. Mittler & Sohn
in Berlin SW., Kochstraße 68—70.

www.ingramcontent.com/pod-product-compliance
Lightning Source LLC
Chambersburg PA
CBHW030316170426
43202CB00009B/1029